적을 만들지 않는 대화법

15주년 특별기념판

적을 만들지 않는 대화법

사람을 얻는 마법의 대화 기술 56

샘 혼 지음 | 이상원 옮김

Tongue Fu!

갈매나무

한국의 독자들에게

우리는 모두 존중을 주고받으며 진실하게 소통하는 관계를 원합니다. 그러려면 서로에게 먼저 마땅히 그런 존재가 되어주어야 할 터입니다.

이렇게 갈등을 예방하고 해결하는 접근법을 한국의 멋진 독자들과 오랜 시간 함께 나눌 수 있어 영광으로 생각합니다. 많은 분이 좋은 친구, 동반자, 부모, 리더…… 즉 더 나은 사람이 되는 데 《적을 만들지 않는 대화법》이 어떻게 도움이 되었는지 구체적인 사례를 소셜 미디어(@SamHornIntrigue)에 공유해 주었습니다. 이 책이 당신에게 긍정적인 변화를 가져다주었다는 사실은 제게 정말 큰 기쁨입니다.

이 긍정적이고, 실용적이며, 주도적인 대화들이 여러분 스스로 생각할 수 있도록 돕기를, 또한 선善한 영향력을 발휘하기를 바랍니다. 가정, 직장, 온라인 공간 어디에서든요.

행운을 빕니다!

2023년 12월

샘 혼

대단한 책이다! 대화의 새로운 경지. 모두가 읽어봐야 한다!

— 존 그레이, 《화성에서 온 남자, 금성에서 온 여자》 저자

인간관계에 관한 쉽고도 대단히 실용적인 책. 누구와 언제든 어디에서나, 잘 지내는 법에 관한 즉각적이고 실천적인 아이디어가 담겼다. 아름다운 이야기로 가득한 이 책의 불변의 법칙을 더 많은 사람이 안다면 세상은 더 평화롭고 조화로워지리라.

— 잭 캔필드, 《영혼을 위한 닭고기 수프》 저자

더 나은 커뮤니케이션을 통해 더 큰 성취감을 느낄 수 있도록 이끄는, 언어의 혁신을 다룬 훌륭한 책이다.

— 토니 로빈스, 《네 안에 잠든 거인을 깨워라》 저자

늘 좋은 말만 하며 살고 싶어도 뜻대로 되질 않아 고민하는 우리, 인간관계에서 가장 중요한 언어의 올바른 사용법을 알고 싶은 우리에게 이 책은 구체적이며 친절한 안내서가 되어준다. 차례의 제목만 봐도 벌써 도움이 되는 이 책을 통해 우리 모두 현명한 대화법을 배워 일상의 삶이 좀 더 순하고 선해질 수 있길 소망한다. 평등한 관계, 평화로운 삶의 비결이 여기 있다.   — 이해인, 수녀·시인

"대화는 진심을 다해 하면 되지, 무슨 기술이 필요해?" 혹시 이렇게 생각한다면 반드시 이 책을 읽어보시라. 잘 훈련된 말 한마디가 한 사람의 태도를 순식간에 바꿔놓을 수 있다는 사실을 깨닫게 된다. 이참에 그동안 어떻게 말해왔는지 자신의 대화법을 점검해보는 것도 좋겠다. 앞으로 내 아나운서 방송 생활에 에너지가 될 영양제 한 통을 잘 챙겨 먹은 느낌이다.   — 최원정, KBS 아나운서

심술궂은 언어 공격에 제대로 대처하지 못하고 돌아서서 힘들어하는 이들, 마음이 약해 남의 부탁에 거절 의사를 분명히 밝히지 못하는 이들, 상대방의 말에 어떻게 대처할지 고민 많은 모든 사람에게 권하고 싶은 책이다. 오히려 상대방을 배려하는 대화의 신비로운 힘에서 해법을 찾는 이 책은 일상생활에서 바로 도움이 될 만한 실용적 지혜들로 가득하다.

   — 김학진, 고려대학교 심리학부 교수, 《뇌는 어떻게 자존감을 설계하는가》 저자

나와 생각이 닮은 사람을 책에서 만났다. 언어가 달라도 인간이라면, 지구를 살아가는 사람이라면, 마음의 언어는 하나로 연결된다는 것을 다시 한번 깨닫는다.《적을 만들지 않는 대화법》은 '나'와 '너'를 구분하지 않고, '우리'가 함께 어울려 살아가는 방법을 제시한다. 나는 이 책의 대부분에 밑줄을 긋고 별을 그리며 실생활에 적용했다. 독서의 쾌거가 삶의 변화를 일으키는 것이라는 관점에서 보자면 이 책은 월등히 효과적이다. 나 자신의 변화는 내 삶의 반경에 있는 수많은 사람에게 영향을 미치는 법이니까. 그래서 나는 이 책을 아끼고, 내가 아끼는 수강생들에게 아낌없이 소개하고 있다.

— 정흥수, ㈜흥버튼 대표,《대화의 정석》저자

대화 능력이란 아마 평생 수련해도 부족할 것이다. 이 책을 번역하는 일은 지금까지 나의 대화를 진지하게 되짚어보는 과정이었다.

— 이상원,《적을 만들지 않는 대화법》번역자

모든 갈등을 해결하는 대화법의 정석. 사실 대화법은 본질을 알면 대부분 비슷한 이야기다. 하지만 중요한 것은 실천이다. 작가가 얼마나 전달력 있게, 사람들 마음을 사로잡고, 실천으로 이어지도록 해주는지가 가장 중요하다. 그런 점에서 이 책은 내가 본 모든 대화법 책 가운데 단연 최고다!

— Karice(브런치 리뷰)

논쟁과 갈등의 순간에 필요한 말과 행동을 자세히 알려주는 고마운 책. 타인과의 관계 개선에 중점을 두는 다른 책들과 달리, 자신의 자존감을 지키면서도 배려와 공감을 바탕에 둔 소통 방법을 구체적으로 알려주어 좋았다. 이 책으로 특별한 대화 기술을 만나보길 바란다.

— 쫑이파(브런치 리뷰)

한 줄로 요약하기에는 주옥같은 말이 정말 많은 책이다. 오늘부터라도 하나씩 이뤄나간다면 어제의 나보다 더 나은 오늘의 나를 만들어나갈 수 있을 것 같다.

— PatienceLee(티스토리 리뷰)

평소 대화법과 사람의 마음에 관심이 많아서 읽어보았는데, 가장 만족도가 높았던 책이다. 다양한 사례를 읽는 내내 '앗, 그때 내 이야기네!' 하며 무릎을 치고 가슴을 두드렸다. 책 내용이 체화될 때까지 계속 읽어볼 작정이다.

— DolphaGo(네이버 블로그 리뷰)

많은 사람이 스펙을 쌓느라 토익을 공부한다. 그런데 한국말로도 사람의 마음을 얻지 못하는데 영어 공부가 의미가 있을까? 영단어 하나 외우는 것보다 이런 대화 기술을 배우는 것이 훨씬 가치 있지 않을까? 잠시 영어를 내려놓고 대화법 먼저 공부하기로 마음먹었다.

— 책 용기(네이버 블로그 리뷰)

말 잘하는 기술은 20대 때나 유용하다는 것을 알아버렸기에 처세술에 대한 뻔한 책을 더는 읽지 않지만, 샘 혼의 책은 익숙할 때까지 반복해서 읽는다. 이 책이 처세술을 넘어 어떤 상황에서건 마음을 다잡을 수 있는 '마음 습관을 들이기 좋은 책'이기 때문이다.

남의 집 가족은 다 교양 있고 부드럽게 말하는 것 같은데, 왜 우리 집만 날카롭게 서로를 찌르나 싶을 때가 있다. 내 맘을 알아주는 사람 없이 온 사방이 적 같지만 … 우아하게 이기고, 원하는 것을 얻고, 나아가 사람을 얻는 법! 가정뿐 아니라 직장과 사회에서 쓸 수 있는 구체적인 대화법!

고객 서비스의 정점에 도달하고픈 모든 비즈니스 리더와 경영인, 그리고 앞으로 나아가고자 노력하는 모든 직장인에게 이 책을 추천한다. 항상 불평하고 논쟁하고 트집을 잡는 사람을 만났을 때, 어떻게 대응하면 좋았을지 늦게 떠오르는 경우가 있지 않은가? 이 책은 똑같이 적대감을 돌려주기보다, 약간의 위트와 공감으로, 공정하고 친절하게, 그러면서도 효과적으로 대응하는 법을 알려준다.

그간 셀 수 없이 많은 책을 읽고 세미나를 들었지만, 이 책만큼 나를 매료한 것은 없었다. 간단하면서도 현실적이고, 실제로 효과 만점이다! 다른 어떤 것을 시도하기보다 먼저 이 책을 읽어보길 권한다.

몇 년 전에 이 책을 읽고 최근 다시 펼쳤는데, 내가 여전히 이 책의 대화 기술을 따라 사람들과 소통하고 있다는 사실을 깨달았다.

사랑하는 사람뿐만 아니라 직장 동료, 심지어 낯선 사람과 상호작용을 강화할 수 있는 실천하기 쉬운 팁들로 가득 차 있다. 인간관계에 관한 실용적인 팁을 알고 나니, 삶에서 스트레스 대부분이 날아간다!

다른 사람이 어떻게 말하고 행동하는지를 바꿀 순 없다. 하지만 그들의 언행에 내가 어떻게 반응할지는 바꿀 수 있다. 인간관계에 지칠 때마다 이 책으로 돌아왔다.

어떻게 논쟁을 피하고
갈등을 협력으로 바꿀 수 있을까

2008년에 한국에서 《적을 만들지 않는 대화법Tongue Fu!》이 처음 출간된 이후 참 많은 것이 진화했다. 이토록 모든 것이 빠르게 변하는 시대에 친구를 만드는 대화법은 그 어느 때보다도 중요하다. 모두가 허둥지둥 바쁘게, 스트레스를 받으며 살고 있는 지금이야말로 상대를 존중하는 데 시간을 들여야 할 때다. 그럼 상대도 나를 존중해줄 테니까.

어떻게 논쟁을 피하고 갈등을 협력으로 바꿔놓을 수 있을지 알려주는 '적을 만들지 않는 대화법'은 직장에서의 성공을 위한 필수 요소이기도 하다. 개정판 역시 당신을 보다 예의 바른 사람으로 만들어 남들에게 예의 바른 대접을 받도록 할 것이다. 상대를 화나게 하는 말을 피하고 상대가 당신과 당신 생각을 받아들이게끔 말할 수 있게 되리라.

이 책이 소개하는 기법은 이메일, 문자, SNS 같은 온라인 대화에서도, 고객이나 동료와의 대면 소통에서도 모두 유용하다. 언제 어디서 누구와 대화하든 쉽게 적용할 수 있을 것이다. 노트북과 스마트폰, 소셜미디어를 어디서나 사용 가능하고 또 우리 모두 매일 몇 시간씩 거기에 매달려야 하는 오늘의 현실에서 꽤 적절한 지침서가 되리라 기대한다.

끝으로 나의 책을 많이 사랑해준 한국의 독자들에게 특별한 감사의 말씀을 전하고 싶다. 갈등을 막고 협력을 이끌어내는 방법, 즉 적을 만들지 않고 사람을 얻는 방법을 궁금해하는 분들에게 이 책이 실용적인 도움이 되었다면 내게는 더할 나위 없이 기쁜 일일 것이다.

이번에 새롭게 단장한 이 책 역시 더 많은 독자들에게 효과적인 대화의 기술, 확실한 인간관계의 해법을 제공할 수 있길 바란다. 아울러 이 책이 하루하루를 성실하게 영위하는 당신에게 부디 흥미롭고 유용하기를, 적을 친구로 바꿔 일과 인생을 더 즐기도록 도와주기를 기원한다.

샘 혼

차례

1부
우아하게 이기는 법

2부
하지 말아야 할 말, 해야 할 말

3부
원하는 것을 더 많이 얻는 대화의 기술

4부
사람을 얻는 대화법

적을 만들지 않는 사람은
대화법이 다르다

20여 년 전, 나는 하와이대학교의 레이 오시로 박사에게서 까다로운 사람들을 다루는 방법에 대한 워크숍을 진행해 달라는 부탁을 받았다. 그때부터 이미 직원들에게 불평 많은 고객이나 비협조적인 동료를 대하는 방법을 훈련시켜야 한다고 생각하는 기업들이 점점 늘어나는 분위기였다.

워크숍 프로그램을 짜면서 나는 새삼스럽게 이것이 아주 중요한 문제라는 것을 깨달았다. 학교에서는 역사나 수학, 과학을 가르칠 뿐 갈등 해결 방법은 알려주지 않는다. 그리하여 사람들은 부당한 대우를 받았을 때 어떻게 해야 할지 모른다. 같은 방식으로 보복하거나 말없이 상처를 감수할 뿐이다. 물론 둘 다 도움이 되지 않는 대응책이다.

내 목표는 사람들이 흔히 일상적으로 만나게 되는 문제들을 즉시 해결하도록 하는 데 있었다. 이론 따위에 시간을 낭비하고 싶지 않았다. 내 잘못이 아닌 일로 누군가 내게 고함을 질러대는 상황에서 진부한 이론들이 무슨 소용이겠는가.

첫 번째 세미나를 한 시간 정도 진행했을 때 나는 내 방식이 옳다는 것을 확인했다. 휴식 시간인데도 한 참가자가 자기 자리를 떠나지 않고 계속 고개를 끄덕이고 있었다. 다가가 무슨 생각을 하느냐고 물었더니 그는 "전 부동산 중개인입니다. 아주 까다롭고 거만한 고객을 많이 만나게 되죠. 그들은 저를 아무렇게나 대해도 되는 상대로 여기는 것 같아요. 전 무언가 재치 있는 말로 대응하는 법을 배우고 싶어 이 워크숍에 참여했지요. 워크숍의 목적이 여기에 있지 않나요?"라고 되물었다.

나는 지체 없이 대답했다. "바로 그렇답니다. 까다로운 사람 앞에서는 물러서는 것도, 화내는 것도, 싸우는 것도 소용이 없지요." 그는 계속해서 말을 이었다. "전 무술에 관심이 많습니다. 가라테와 유도, 합기도 등을 배웠지요. 당신이 제시하는 건 말로 하는 쿵후 같군요." 나는 "맞습니다. 그러니까 '텅후Tongue fu'라고나 할까요!"라고 맞장구를 쳤다. 그리고 우리는 마주 보며 큰 소리로 웃었다. 나에게는 완벽한 명칭을 찾아낸 유레카의 순간이기도 했다.

그날 이후 나는 다양한 사람들을 대상으로 수백 회의 워크숍을 진행했다. 워크숍 참가자들은 이 주제에 대해 책을 써달라고 했다. 집에서도 책을 반복해 읽고 가족이나 친구, 동료와 의견을 교환하고 싶다는 것이었다.

> 희생양은 스스로 선택한 결과에 불과하다.
> ㅡ 무명씨

중국 무술인 쿵후의 목적은 상대의 신체적 공격을 막아내고 받아치는 것이다. 이와 같이 텅후는 정신적 무술로서 심리적 공격을 막아내고 받아치기 위한 것이라 할 수 있다. 다시 말해 언어적 형태의 자기 방어인 것이다. 혀를 섣불리 움직이지도, 묶어버리지도 않는 방법이라고 할까.

텅후의 목표는 타인의 언어적인 공격에 모욕을 당하지 않고 자신 있게 행동하는 것이다. 누군가 공격을 해왔다 해도 마음과 입을 잘 다스려 스스로를 보호할 수 있어야 한다. 그러면 정신적인 충격을 받는 일도, 무력감에 빠지는 일도 없을 것이다. 물론 텅후는 그저 불공정하거나 불친절한 행동을 막아내고 받아넘기는 데 그치지 않는다. 이는 직장 안팎에서 모든 이와 좋은 관계를 유지하는 방법, 더 나아가 삶의 철학이라고 할 수 있다. 다시 말해 어떻게 갈등을 예방하고 협력을 이끌어내며 무례한 상대에게까지도 친절하게 대할 수 있는지를 알려주고자 하는 것이다. 요컨대 적을 만들지 않고 사람을 얻는 방법이라 할 수 있다.

세상에 까다로운 사람을 상대하기 좋아하는 사람은 없다. 하지만 이는 살면서 피할 수 없는 일이다. 때문에 까다로운 상대를 요령 있게 무장 해제시켜 공적이거나 사적인 인간관계를 좀 더 원만하게 만들 필요가 있다. 다른 누구도 아닌 우리 자신을 위해서 말이다. 이 책은 까다로운 사람들이 스트레스를 줄 때 대처하는 다양한 방법을 제시할 것이다. 스스로 상처 받지도, 남에게 상처를 주지도 않고 굳건히 자기의 두 다리로 서는 방법 또한 알려줄 것이다.

작고하신 우리 아버지는 늘 "제아무리 좋은 아이디어라도 실행하지 않는다면 쓰레기에 불과하다"라고 말씀하시곤 했다. 이 책에 소개될 텅후 기법 또한 독자 여러분이 실제 사용할 때 가치를 발휘할 것이다. 기법은 반복해서 적용해야 숙달되는 법이다. 기억보다는 연필이 낫다고 하니 이 책을 읽을 때는 펜을 준비해보라(도서관에서 빌린 책이 아니라면 말이다). 중요한 부분에는 줄을 그어라. 여백에 자기 생각을 메모해도 좋다.

현재의 자기 상황에 딱 들어맞는 말이 나왔다면 메모지에 적어 거울이나 냉장고에 붙여두어라. 눈에서 멀어지면 마음도 멀어진다고 하지 않는가. 그러니 눈에서 가깝게 놓아두어라. 행동 계획을 자주 보게 되면 저절로 마음속에 새겨지는 법이다. 시각적 자극이 반복되면 필요한 순간에 배웠던 대로 행동할 수 있다.

> **남들의 실수에서 배워야 한다.**
> **그 실수를 다 직접 겪어보기에는 인생이 짧다.**
>
> ─ 그로우초 막스(Groucho Marx, 미국의 희극인)

'현자의 지혜와 노인의 경험은 인용을 통해 영원을 얻는다'라고 정치인 벤저민 디즈레일리Benjamin Disraeli는 말했다. 그렇다. 디즈레일리의 말이 맞다. 독자 여러분이 이 책 곳곳에 나오는 인용문들, 시간을 초월하는 보석 같은 지혜를 자신의 일상에 응용했으면 한다. 가능한 한 출처를 찾아 명시했지만, 그렇게 하지 못하고 무명씨로 처리한 경우도 적지 않다. 무명씨로 밝힌 인용의 출처를 안다면 내게 알려주길 바란다. 이 책의 신뢰도를 높이는 데 크나큰 도움이 될 것이다.

이 책에는 개념에 대한 정의도 많다. 익숙한 단어를 사전에서 찾아 확인하다 보면 새로운 시각을 가질 수 있을 것이다. 나도 책을 쓰면서 단어의 더 깊은 의미를 이해하고 기뻐하는 순간이 많았는데, 독자 여러분도 같은 경험을 하게 된다면 좋겠다.

이 기회를 빌려 모든 워크숍 참가자들에게 감사의 말을

전하고 싶다. 이 책에 소개된 많은 사례는 바로 그 참가자들에게서 나왔다. 의사는 건강으로 가는 지름길이고, 코치는 기량을 향상시키기 위한 지름길이며, 교사는 지식으로 가는 지름길이라는 말이 있다. 텅후 워크숍 참가자들은 자신의 경험을 통해 독자 여러분이 시행착오를 겪지 않고 배울 수 있도록 기꺼이 동참해주었다. 그 간접 경험이 여러분에게 유용한 지름길이 되었으면 하는 마음이 간절하다.

자와할랄 네루Jawaharlal Nehru는 '이상理想을 저버리지 않고 용감하게 행동하는 것, 이는 아무도 빼앗아가지 못하는 우리의 유일한 힘'이라고 하였다. 여기서 이상은 '뛰어남의 기준, 궁극적인 목표, 추구하는 바' 등으로 정의된다.

어쩌면 텅후가 너무 이상적인 얘기라 여겨질지도 모르겠다. 사실 그런 면도 없지 않다. 하지만 중요한 건 효과가 있다는 점이다. 수천 명에 이르는 텅후 워크숍 참가자들이 그 증거다. 무례한 상대 앞에서 품위를 잃지 않고 당당하게 행동할 수 있다면 당신은 훨씬 더 의미 있고 보람 있는 삶을 영위할 수 있다. 당신의 일상에서 이러한 이상을 실현해보라. 직장에서, 가정에서, 공동체에서 맺는 모든 관계가 한층 발전할 것이다.

1부

우아하게 이기는 법

Scene
01

버럭 하는 마음을
빨리 가라앉히기

anger(분노)에 한 글자만 더하면 danger(위험)가 된다.
— 무명씨

불공정하거나 불친절한 말을 들었을 때 당신은 어떻게 하는가? 어떻게 대답할지 몰라 가만히 있는 편인가? 나중에 후회하게 될 말을 내뱉어버리는가? 아니면 그 자리를 떠나고 한참 뒤에야 적절한 대답이 떠오르는 편인가?

당신 잘못도 아닌 일에 누군가 소리를 지르거나 비난을 한다면 공격적으로 맞대응하는 것도 당연하다. '이건 말도 안 돼!', '멍청한 사람 같으니라고!', '내가 이런 일까지 감수할 만큼 월급이 많은 건 아니잖아?' 같은 생각을 하면서 말이다.

그러나 이런 반응은 이해할 만하기는 해도 결국 상황을 더 악화시킬 뿐이다. 왜냐고? 당신이 감정을 드러내면 드러낼수록 적대적인 분위기만 고조되기 때문이다. 즉각적으로 반응을 보일 경우 더 큰 상처를 입고 만다.

이제부터는 말하기 전에 생각한다는 목표를 세워보자. 언어적 공격을 받았을 때 즉각적으로 반응하지 않고 잠시 생각하는 여유를 갖게 하는 기법을 알아보자.

공감은 성숙의 가장 좋은 지표이다.
— 텅후 원칙

자, 어떻게 하면 먼저 생각하고 행동할 수 있을까? 누군가에게 화가 났다면, 그건 사실 당신 입장에서만 상황을 바라본다는 뜻이다. '나라면 어떨까?', '내가 저 입장이라면 어떤 기분일까?'라는 공감의 질문을 던져 상대의 입장을 헤아려보자. 이 질문은 즉각적으로 적의를 없애줄 만큼 강력하다.

상대의 행동이 여전히 마음에 들지 않는다 해도 공감의 질문을 통하면 최소한 그 행동을 이해할 수는 있게 된다. 공자孔子도 '더 많이 알수록 더 많이 용서하게 된다'고 하지 않았는가. 무엇 때문에 그런 행동이 나왔는지 생각할 시간을 갖는 것, 이는 용서를 향한 첫 걸음이다.

텅후 워크숍에 참석했던 한 사람이 털어놓은 이야기를 보자. 그 역시 공감의 질문을 통해 상대를 이해할 수 있었다.

"우리 어머니는 마지막 3년을 요양원에서 보내셨어요. 토요일마다 어머니를 뵈러 가는 것이 정말 끔찍했지요. 늘 불평만 하셨거든요. 같은 방 환자에 대해, 문병 오는 사람이 없다는 데 대해, 여기저기 아프다는 데 대해 끝없이 불평을 늘어놓으셨지요. 어느 날 저는 스스로에게 물어보았어요. '하루 열여덟 시간을 침대에 누워 보낸다면 어떤 기분이 들까? 귀가 멍멍하도록 텔레비전을 크게 틀어놓는 사람과 늘 같은 방에서 지내야 한다면? 며칠이 지나도 어느 자식 하나 찾아와주지 않는다면? 매일 아침 눈을 뜰 때마다 고통을 느끼고 그 고통이 나아질 가능성이 없다면 나는 어떨까?' 그런 질문을 던지다 보니 제 이기적인 분노가 사라지더군요. 시간을 갖고 어머니의 일상을 생각해보자 더 이상 원망할 수 없었어요. 몇 시간을 함께 보내드리는 건 그야말로 최소한의 일이라는 걸 깨달은 거죠."

상대의 태도가 마음에 들지 않는다면 선택지는 두 개다. 당신은 생각 없이 반응해 불편한 마음을 곧이곧대로 전달할 수도 있고, 아니면 잠깐 상대의 입장을 헤아린 뒤 마음의 평화를 찾을 수도 있다.

"대체 이 사람은
왜 이렇게 까다롭게 구는 걸까?"

남을 배려하기 위해 의식적으로 자주 노력한다면
개인과 사회 전체는 모두 엄청난 변화를 겪을 것이다.
— 헨리 C. 링크(Henry C. Link, 심리학자)

자, 이번에는 대형 호텔의 프런트 직원이 텅후 워크숍 모임에서 털어놓은 사례를 보자.

"프런트는 고객과 처음 접하는 곳이기 때문에 힘든 상황이 많습니다. 무언가 잘못된 일이 있다면 그 불평불만을 고스란히 우리에게 쏟아놓거든요. 비행기가 연착했다고, 짐 가방을 분실했다고, 또 렌터카 대기 줄이 너무 길었다고 투덜거리지요. 심지어는 날씨가 안 좋다고 화를 내기도 합니다!

지난번 워크숍이 끝난 후 남녀 한 쌍이 아침 일찍 호텔로 들어와 방을 달라고 하더군요. 전 오후 3시 이후에야 체크인이 가능하다고 설명했습니다. 방을 청소하고 준비해야 한다고 말입니다. 그러자 남자가 소리를 지르더군요. '대체 무슨 소립니까? 방을 못 준다고요? 우린 지금 신혼여행을 왔다고요! 36시간 동안이나 잠을 자지 못했고요. 서 있지도 못할 정도로 힘든 상황이라니까요!' 저는 다시 대규모 회의가 있어 빈방이 없는 상태고, 오찬 행사가 끝나야 회의 손님들이 나가게 될 거라고 했습니다. 새신랑이라는 사람은 한층 더 화를 내더군요. 자기가 고래고래 소리를 지르다 보면 어떻게든 빈방을 내줄 거라고 생각하는 모양이었어요. 하지만 그가 고집을 부리면 부릴수록 저도 신경이 날카로워졌습니다."

프런트 직원은 말을 이어갔다.

"흥분해서 벌컥 화를 내려는 순간 우리 워크숍에서 배웠던 것이 떠올랐습니다. 결국 전 제 입장만 생각하고 있던 셈이었지요. '너무 피곤해 제정신이 아닌 상황인데 여섯 시간을 기다려야 방에 들어갈 수 있다고 하면 어떤 기분일까? 내 신혼여행이 악몽으로 바뀌는 상황에서 어떤 생각이 들까?'라고 스스로에게 물었지요. 그렇게 상대의 입장을 헤아려보자 곧 그 신혼부부가 좀 안됐다는 생각이 들었습니다. 그 직전까지도 미움과 짜증뿐이더니 금방 용서하고 공감하게 된 것이지요. 전 무료 아침 식사 쿠폰을 주고 해변에서 눈을 붙일 수 있도록 해주었습니다. 두 사람은 그날 오후 절 찾아와 감사 인사를 했지요.”

그렇다. 이 호텔 직원은 공감의 힘을 체험한 것이다. 까다로운 상대에게 자기 입장을 강요하는 대신 상대의 입장이 되어보았고, 그리하여 모욕감 대신 공감을 느끼며 행동한 것이다.

> 약자는 용서하지 못한다.
> 용서는 강자만이 할 수 있다.
>
> — 마하트마 간디(Mahatma Gandhi, 정치인)

용서하고 잊어버리게 하는 또 다른 질문이 있다. ‘이 사람은 왜 이렇게 까다롭게 구는 걸까?’가 그것이다.

아들과 함께 동네 아이스크림 가게에 갔을 때였다. 가게 안이 손님들로 가득했다. 직원이라고는 달랑 고등학생으로 보이는 소녀 아르바이트생 한 명뿐이었다. 나름대로 서둘러 주문을 처리하는 모양이었지만 손님들은 줄어들 기미가 없었다.

무려 30분을 기다려서야 우리 차례가 되었다. 나는 초콜릿 아이스크림 세 통을 주문했다. 지쳐버린 소녀는 내 앞에서 폭발하고 말았다. “세 통이라고요? 이 통에서 아이스크림

퍼내기가 얼마나 힘든지 아세요?"

텅후 전도사가 아니었다면 나 역시 그 황당한 대답에 폭발했으리라. "무슨 소리를 하는 거예요? 여기는 아이스크림 가게가 아니었나요?" 그러나 이런 식의 반응을 보였다가는 그쪽이나 나나 기분이 더욱 나빠질 것이 뻔했다. 나는 입을 다물고 스스로에게 물어보았다. '저 소녀가 저렇게 말하는 이유가 뭘까?' 그 순간 소녀의 심정이 내 것처럼 이해되기 시작했다. 나는 안됐다는 표정으로 물었다. "정말 힘든 날이지요?"

그 한마디에 소녀의 적대감이 사라졌다. 소녀는 긴 한숨을 내뱉으며 "맞아요! 저 혼자 하루 종일 일했거든요. 아침 10시부터 쉬지도 못했어요. 한 시간 전에 교대했어야 하는데 주인이 아직도 안 나타나는군요"라고 대답했다.

소녀는 아이스크림을 포장하는 내내 그렇게 하소연을 했고, 우리가 떠날 때는 활짝 웃으며 손을 흔들어주었다. 바로 이것이 텅후의 힘이다! 공감을 표하는 질문 하나가 우리 두 사람 모두에게 긍정적인 시각을 안겨준 것이다.

내가 옳은데도
협상해야 하는 이유

분노의 한순간을 이겨내면 백 일 동안의 슬픔을 피할 수 있다.
— 중국 속담

'나라면 어떨까?'와 '이 사람은 왜 이렇게 까다롭게 구는 걸까?'라는 두 개의 질문을 통해 우리는 상대에 대한 빈정거림에서 벗어나 공감으로 향하게 된다. 상대의 공격적인 행동 뒤에 무엇이 숨어 있는지 확실히 밝히지 못해도 좋다. 그저 이유를 고민하는 몇 초의 시간 덕분에 당신은 나중에 후회하게 될 말을 입 밖에 내지 않게 될 테니, 그걸로 충분하다.

어느 워크숍 참가자는 내 말에 이의를 제기하기도 했다.

"제 생각은 다릅니다. 제 신경을 거스른 사람이라면 기분 나쁜 소리를 들어야지요! 상대가 선을 넘었는데도 왜 저만 평화적으로 대처해야 한다는 거죠?"

그러면서 그는 '내가 옳은데도 협상해야 하는 이유는 무엇이지?'라는 대사가 붙은 신문 만화를 보여주었다.

그럼 한번 생각해보자. 상대가 불친절하게 구는 이유를 찾아내기 위해 내 소중한 시간과 에너지를 써야 하는 까닭은 대체 무엇일까? 간단하다. 그것은 바로 나 자신에게 도움이 되기 때문이다.

세상에는 늘 까다로운 사람들이 존재하기 마련이다. 과거에도 그랬고, 미래에도 그러할 것이다. 가족치료 학자 버지니아 사티어Virginia Satir는 '남들의 제한된 인식이 나를 정의하지 않게끔 해야 한다'라고 했다. 이를 뒤집어보면 우리의 제한된 인식으로 남들을 정의하지 말라는 말이 된다.

참지 못하는 것은 알지 못해서인 경우가 많다. 내 인내심을 독하게 시험하는 상대에게 똑같이 맞서고 싶다면 이 점을 기억하라. 당신이 모욕감을 느끼는 것은 어쩌면 상대의 상황을 충분히 알지 못하기 때문일 수도 있다. 그리고 무례한 상대에게 그 대가를 요구하는 당신의 행동은 또다시 대가를 치르게 되어 있다.

공감의 질문을 던지는 것은 바로 내 기분이 나빠지는 상황, 승자 없는 싸움에 휘말리는 상황을 방지해준다.

> 모욕에 복수하기보다는 무시하는 편이 좋다.
> — 세네카(Seneca, 로마의 철학자)

또 다른 워크숍 참가자도 의문을 제기했다. "저는 아직도 잘 모르겠습니다. 아이스크림 가게 직원이 특별히 힘든 하루를 보낸 것이 아닌 상황이라면, 그러니까 그저 게으른 데다가 일도 서툰 직원일 경우라면 어쩌죠? 그럴 때에도 제가 못 본 척 참아줘야 하나요?"

좋은 지적이다. 서비스가 엉망진창인 상황에서는 두 가지 선택이 가능하다. 우선 대응할 가치가 없다고 판단해 그저 어깨만 으쓱하고 무시할 수 있다. 혹은 그 나쁜 서비스를 그대로 용인해서는 안 되겠다고 생각할 수도 있다.

만약 적극적으로 책임을 묻기로 작정했다면 다음 네 단계를 통해 보다 건설적으로, 다시 말해 개선의 가능성을 높이는 방향으로 불만을 토로할 수 있다.

1단계 무례한 직원을 상대로 화를 내지는 말라. 여기서 얻는 만족감은 지극히 일시적이다. 게다가 당신의 행동은 직원으로 하여금 손님들을 한층 부정적으로 바라보게 할 뿐, 서비스를 개선해야겠다는 동기를 부여하지는 못한다.

2단계 "실례지만 성함을 알 수 있을까요?"라고 공손하게 물어라. 이 간단한 질문만으로도 직원은 좀 더 정중해져 야겠다는 생각을 할 것이다. 왜냐하면 더 이상 익명의 관계가 아니기 때문이다. 자신의 서비스에 책임을 져야 한다고 인식하기 시작하는 것이다.

3단계 고객의 권리를 분명히 전달하라. "저는 오랫동안 이 상점을 이용해온 사람입니다. 앞으로도 그렇게 하고 싶고요. 제 생각이 변하지 않도록 저를 존중해주세요."

4단계 3단계까지의 노력이 별 효과가 없다면 책임자를 불러달라고 부탁하라(책임자가 자리에 없다면 이름을 알아놓고 나중에 전화나 이메일을 보내도록 한다).

책임자를 만나게 되면 직원에게 모든 책임이 돌아가지 않게끔 하라. 서비스가 형편없었다고 화를 내면 책임자는 직원을 야단치게 될 가능성이 높다. 침착하고 부드러운 말투로 상황을 설명하라. 이렇게 하는 편이 훨씬 더 믿음직스럽게 받아들여지는 법이다.

우리는 옳거나 행복하거나 둘 중 하나이다.

— 마리안 윌리엄슨의 책 《기적의 과정(A Course in Miracles)》 중에서

심술궂은 상대에게 동정심을 가지는 것은 우리가 충분히 할 수 있는 일이다. 그뿐만 아니라 권장되어야 할 자세다. 달라이 라마Dalai Lama는 '남들이 행복하기를 바란다면 동정하라. 스스로 행복하기를 바란다면 동정하라'라고 하였다. 누군가 당신에게 상처를 입혔을 때 상처로 되갚는 것은 결코 해결책이 될 수 없다. 오히려 둘 다 불행하게 만들 뿐이다.

괴테Johann Wolfgang von Goethe는 '상대가 이상적인 존재인 양 행동하면 정말 그렇게 되게끔 도와주게 된다'라고 하였다. 나를 기분 나쁘게 만든 사람에게 성내기보다 공감한다면, 상대의 적대감은 사라지고 나와 상대 모두 행복한 조화를 이룰 수 있다.

버럭 하는 마음을
빨리 가라앉히기 위한 행동 전략

당신은 영화관 매점에서 음료수를 사기 위해 줄을 섰다. 종업원 두 사람이 갑자기 몰려든 손님을 상대하느라 쩔쩔매고 있다. 영화가 곧 시작되는 상황이고 어쩌면 음료수 사는 것을 포기해야 할지도 모른다. 종업원들의 행동이 영 못마땅하다. 자, 어떻게 대응하겠는가?

🙁 하지 말아야 할 **말과 행동**

비판적으로 생각한다 '여기는 왜 종업원을 더 고용하지 않는 거지?
이해할 수가 없군!'

참지 못하고 화를 낸다 '왜 더 빨리 못 하는 거야?
벌써 10분이나 기다렸다고!'

비난한다 "이 영화 관객이 많으리라는 것을 예상하지 못했나요?
매점 인력을 더 배치했어야죠!"

자기 관점으로만 상황을 바라본다 '서비스가 형편없군. 다시는 여기
오지 말아야겠어. 줄 서서 기다리려고 돈을 낸 건 아니잖아.'

 ## 해야 할 **말과 행동**

공감한다 '저 두 사람은 최선을 다하고 있어. 다만 손이 모자랄 뿐이야.'
이해한다 '내가 저 종업원들 입장이었다면 어떤 생각이 들까?'
마음을 가라앉히고 다정한 미소를 짓는다 "팝콘 두 개와 과일 주스를
주시겠어요?"
상대의 입장이 되어보고 용서한다 '이런 사소한 일에 마음이 불편해질
필요는 없어. 이건 아무것도 아니라고.'

Scene
04

누군가 교묘하게
당신을 조종하려 든다면?

적을 만들지 않으면서 내 의지를 관철시키는 기술, 그것이 전술이다.
— 무명씨

협상의 기본 원칙에 따르면 '상대에게 인식된 전술은 더 이상 효과가 없다'. 상대의 의도를 간파하였다면 이를 분명히 드러내 그 상황에서 벗어나도록 하라. 당신을 상대로 한 누군가의 두뇌 게임이 감지되는 순간 바로 폭로하여 무효로 만드는 것이다. 이를 위해서는 그 상황에서 한 발짝 떨어져 사태를 직시하고 분석할 줄 알아야 한다.

> ## 내가 적을 없애는 방법은 친구로 만드는 것이다.
> — 에이브러햄 링컨(Abraham Lincoln, 정치인)

다시 말하지만 텅후는 싸움이 아닌 조절의 기법이다. 우리의 목표는 균형을 이루는 것이지, 상대의 부정적 전술을 낱낱이 밝혀내 파멸시키는 것이 아니다.

얼마 전 새 차를 사기로 한 나의 남편은 몇 번이나 차를 보러 다닌 끝에 마침내 마음에 꼭 드는 차를 찾아냈다. 계약서에 막 서명하려는 순간 판매원이 "죄송합니다. 팀장님께 이 가격을 허락받고 곧 돌아오겠습니다"라고 말하더니 자리를 떠났다.

20분 가까이 기다린 후 남편은 판매원의 의도를 알아차렸다. 남편이 그 차를 아주 마음에 들어 한다는 것을 안 그는 일부러 시간을 끌어 허락을 못 받는 척하면서 가격을 올릴 작정이었던 것이다.

아니나 다를까, 한참 후 돌아온 판매원은 다시 협상을 시작했다. "오래 기다리시게 해서 죄송합니다. 팀장님을 설득했지만 1만 6000달러는 받아야 한다고 하시네요. 1만 6000달러도 이미 할인 가격이니 더 이상 깎을 수는 없다고요."

남편은 이미 상대의 수를 꿰뚫고 있었다. 하지만 다툼을 피하고 원하는 바를 이루고 싶었기에 차분하지만 단호한 목소리로 "가격 결정권은 당신이 쥐고 있을 텐데요. 이 차를 팔 생각이라면 지금 당장 1만 4500달러를 지불하겠소. 그렇지 않다면 다른 곳에 가야겠군요."

판매원은 어쩔 수 없이 애초에 합의된 가격에 계약을 했고, 팀장에게 혼나게 생겼다며 계속 죽는소리를 했다. 하지만 수를 간파당한 이상 다른 방법은 없었다.

> 자칫하면 지게 될 상황일 때만큼
> 인내가 필요한 시점은 없다.
> — 무명씨

어서 결정을 내리라는 압력이 심해진다면 어떻게 하겠는가? 서두르게 만듦으로써 얼떨결에 조건을 받아들이도록 이끄는 것이 상대의 전술일지 모른다. 그럴 때에는 "이렇게 날 몰아붙이지 마시오, 알았소?"라고 말하는 정도로도 충분하다.

이쯤에서 워크숍에 참석했던 어느 법률사무소의 비서가 털어놓은 상황을 살펴보자. "사표를 내버릴까 생각하는 와중에 여기 오게 되었어요. 저희 법률사무소는 부자父子변호사가 운영하는데, 아버지 변호사가 청구서를 만들어 발송하라고 지시하자마자 아들 변호사가 와서 서류를 정리해놓으라고 하죠. 한 시간 후면 아버지 변호사는 아직도 청구서를 발송하지 않았느냐며 화를 내고, 아들 변호사도 서류 정리를 왜 안 끝냈느냐고 잔소리를 하고요. 더 이상은 감당할 수가 없어요. 미쳐버릴 지경이라니까요."

나는 그 상황에서 한 걸음 벗어나 객관적으로 바라보라고 조언했다. 그리고 대체 어떤 일이 벌어지는지 정리하도록 했다. "어떤 일이 벌어지냐고요? 전 두 변호사 사이에서 이러지도 저러지도 못하는 상황이라니까요."

바로 그 말을 전해야 한다. 다음번에 또 업무가 한꺼번에 떨어지게 되면 분명히 상황을 설명하라! 말없이 혼자서만 끙끙거려서는 문제가 해결되지 않는다. 물론 공손하게 말하는 것이 중요하다. "어떻게 해야 할지 모르겠군요. 아버님이 이미 급한 업무를 지시하셨거든요. 두 분께서 뭐가 더 급한지 합의해주시면 당장 그것부터 시작하겠습니다."

힘에 맞서지 말고
그것을 이용하라

인내는 지혜의 동반자다.

— 성 아우구스티누스(St. Augustinus)

워크숍에 참석한 한 바텐더는 공짜 술을 달라고 하는 손님들을 상대하기가 제일 힘들다고 토로했다. "막무가내로 저를 몰아세우기 때문에 참지 못하는 경우가 종종 있었습니다. 이제는 그렇게 나오는 손님이 있으면 대놓고 '저한테 공짜 술을 달라고 요구하시는 건 아니겠지요?'라고 묻는답니다. 또 미성년자가 술을 달라고 하면 '제가 법규 위반으로 실직하기를 바라는 건 아니겠지요?'라고 하죠. 이제 어떻게 대답해야 할지 알기 때문에 웬만해서는 평정심을 잃지 않습니다."

어떤 경찰관 참가자도 맞장구를 쳤다. "저희도 그런 식의 정면 대결을 많이 합니다. 법규 위반자가 돈을 내밀 것 같으면 먼저 '설마 경찰관을 매수하려는 건 아니겠지요?'라고 말하는 거지요."

자, 그렇다면 당신과는 아무 상관도 없는 일 때문에 화가 난 사람에게 시달려본 경험이 있는가? 엉뚱하게 화풀이 대상이 되는 경우 말이다. 이런 때는 어떻게 해야 할까?

'왜 저한테 화풀이를 하시나요?'라는 의사를 분명히 전달해야 한다. 예를 들면 손바닥을 위로 해 양손을 들어 보이며 "이봐요, 새우등을 터뜨릴 필요는 없잖아요"라고 말하면 어떨까.

위대한 시인이자 풍자가였던 호레이스Horace는 '분노란 순간적인 광기'라고 하였다. 자신의 광기를 깨닫도록 해주면 대부분의 사람들은 엉뚱한 상대를 향한 분노를 가라앉힐 것이다. 개중에는 "나도 알아요. 당신에게 화내는 건 불공평한 일이죠. 하지만 나도 어쩔 수가 없다고요"라고 말하는 사람도 있으리라. 혹은 "화풀이해서 미안해요. 하필 그 순간에 당신을 만나는 바람에 그랬답니다"라고 사과해올 수도 있다.

> **힘에 맞서지 말라. 그 힘을 이용하라.**
> — 버크민스터 풀러(Buckminster Fuller, 미국의 건축가 겸 작가)

버크민스터 풀러의 말을 힘에 맞서지 말고 그 힘의 정체를 밝히라는 뜻으로 해석할 수도 있다. 가족과 함께 장기 자동차 여행을 해본 적이 있는가? 사이좋게 출발했다가 완전히 기분을 망친 채 돌아온 경험은? 일단 다툼이 시작되었다면 화내기보다는 상황을 명확히 하는 것이 먼저다. 이를테면 이렇게 말이다. "네 시간째 차를 타다 보니 덥기도 하고 지쳐서 다들 신경이 날카로워진 거야. 잠깐 쉬었다 가자. 그러면 서로에게 좀 더 예의 바르게 행동할 수 있을 거야."

어느 워크숍 참가자의 경험담도 들어보자.

"약혼자는 처음 만났을 때 전 애인에 대해 꼬치꼬치 묻더군요. 그러고는 질투심 때문에 화를 냈죠. 저도 기분이 상했어요. 첫 만남부터 그런 얘기를 하고 싶진 않았으니까요. 서먹하게 지내다가 과거 애인에 대해서는 아예 입에 올리지 말자고 합의를 했죠. 그리고 사이가 아주 좋아졌어요. 혹시라도 이야기가 그쪽으로 흘러가면, 우리는 서로를 바라보며 '지난 일이야'라고 한마디 하죠. 그럼 바로 입을 다물게 돼요."

모름지기 과거에서 배우지 않으면 과거를 되풀이할 수밖에 없다. 이 참가자는 과거에서 배웠을 뿐 아니라, 다툼이 벌어질 상황을 방지하는 구체적인 전략까지도 얻은 것이다.

> 위트는 우리를 지켜주는 울타리다.
> ― 마크 반 도렌(Mark Van Doren, 시인)

이번에는 내가 라디오 진행자 칼 하스의 공개 방송에서 목격한 예를 살펴보자. 이것은 곤란한 상황을 정면으로 규정 짓고 돌파해낸 아주 좋은 예다.

칼 하스는 목소리가 아주 좋은 데다 진행 솜씨도 뛰어나 애청자가 많았다. 하와이에서 열린 공개 방송에는 수많은 팬들이 칼 하스를 직접 보기 위해 몰려들었다. 드디어 무대 조명이 밝혀지면서 주인공이 등장했다. 뜻밖에도 그는 키가 무척 작고 왜소한 체구였다.

모두들 경악했다. 칼 하스는 그런 반응을 익히 예상하고 위트 있는 말까지 준비한 모양이었다. 한쪽 눈을 찡긋해 보이면서 "저도 여러분이 이렇게 생겼을지는 몰랐단 말입니다!"라고 한마디를 던진 것이다.

그 말에 분위기가 반전되었다. 몹시 불편해질 수 있는 상황을 멋지게 넘긴 셈이었다. 핵심은 모두의 생각을 직접 말로 표현해낸 '상황 규정짓기'였다.

말하기 어려운 것을 직접적으로 말해버리는 이 기법은 특히 어린이들에게 효과가 좋다. 두 아들이 어린 시절 억지로 치과에 끌고 갔을 때의 일이다. 의사 선생님은 몸을 낮춰 아이들과 눈높이를 맞춘 후 "여기 정말 오기 싫었지?"라고 말했다.

아이들은 자기 생각을 정확히 맞히자 눈이 휘둥그레졌다. "당장이라도 뒤돌아 저 문으로 도망가고 싶지?" 아이들은 열심히 고개를 끄덕였다. 그리고 잠시 후 의사 선생님 손을 하나씩 잡고 진료실로 들어섰다. 상대가 자기 속마음을 잘 알고 있다는 점 때문에 두려움이 누그러진 것이다.

상황을 규정짓기 위한
행동 전략

당신은 남자 직원 일색인 직장에 처음으로 들어간 여자 직원이다. 당신의 능력을 시험해보고 싶은 동료 직원들은 곤란한 질문을 던지기도 하고, 어려운 업무를 맡기기도 한다. 당신은 어떻게 해야 할까?

☹ 하지 말아야 할 **말과 행동**

상대의 전술에 말려 화를 낸다 "유치한 짓은 그만둬요.
어른스럽게 행동해야 하지 않겠어요?"
기가 죽는다 '얼마나 더 버틸 수 있을지 모르겠어. 출근하는 게 끔찍하군.'
떨리는 목소리로 항의한다 "나도 당신들처럼 업무를 잘 처리할 수 있어요.
왜 그렇게 무례하게 구는 거죠?"
있는 힘을 짜내 자신을 방어한다 "이것 보세요. 저한테 시간을 좀 주세요.
업무를 할 수 있도록 절 좀 내버려두라고요."

☺ 해야 할 **말과 행동**

침착하게 상대의 행동을 분석한다 '이건 일종의 영역 싸움이야.

난 잘 대처할 수 있어.'

희생자가 되지 않기로 작정한다

'난 스스로 이 일을 선택했고, 많은 시간과 돈을 들여 준비했어.

날 우습게 여기지 못하도록 해야지.'

당당한 목소리로 말한다 "설마 절 시험하려는 건 아니겠지요?"

상황을 규정지음으로써 상대의 수를 읽었다는 것을 보여준다

"내 실력을 확인해보려는 건가요?

여자가 어떻게 이 일을 해낼 수 있을지 궁금한 모양이군요?"

그 순간
꿀꺽 말을 먹어버려라

> 진정한 대화의 기술은 맞는 곳에서 맞는 말을 하는 것뿐 아니라,
> 안 맞는 곳에서 하지 말아야 할 말을 불쑥 해버리지 않는 것까지도 포함한다.
> — 도로시 네빌(Dorothy Nevill, 작가)

'침묵할 줄 모른다면 말하지도 말라'라는 문구가 박힌 티셔츠를 본 적이 있다. 정말 멋진 조언이 아닌가? 물론 부당한 대우를 받았을 때 입을 다물기란 쉽지 않다. 책임자를 발설해버리고 싶은 생각도 들 것이다. 그럴 때는 '화난 김에 내뱉은 말은 두고두고 후회할 소리이기 마련'이라는 성직자 헨리 워드 비처Henry Ward Beercher의 말을 기억하라.

> 나중에 되삼키려 애쓰지 말고
> 그 순간 꿀꺽 말을 먹어버려라.
>
> — 프랭클린 루스벨트(Franklin Roosevelt, 전 미국 대통령)

루스벨트의 이 말을 인용했을 때 한 워크숍 참가자가 웃음을 터뜨렸다. 그는 소개팅에 나갔다가 진땀을 뺐던 기억을 소개했다.

"처음 어색한 자기소개를 주고받을 때 상대가 전에 저랑 같은 동네에 살았다는 걸 알게 되었지요. 그 여자는 월포드 부인을 아느냐고 물었고, 전 단숨에 '그 늙다리 마녀 말인가요? 고등학교 때 영어 선생님이었어요'라고 대답했답니다. 그리고 그 수업이 얼마나 지긋지긋했는지 설명했죠. 그런데 상대방 표정이 이상하더군요. 알고 보니 월포드 부인은 여자의 이모였던 겁니다! 당연히 그날 소개팅은 엉망이 되어버렸지요."

안타까운 일이 아닐 수 없다. 때문에 입을 열기 전에 그 말이 부메랑처럼 되돌아와 당신을 괴롭히지는 않을지 생각해볼 필요가 있다. 만약 그럴 가능성이 있다면 꿀꺽 삼켜버려라.

> ## 외교관은 말하기 전에 두 번 생각하는 사람이다.
> — 무명씨

이번에는 구직 면접 상황을 예로 들어보자. 언제, 그리고 왜 입을 다물어야 할까? 하필이면 면접관이 이전 상사에 대해 묻는다고 하자. 그와의 갈등 때문에 당신이 이전 직장을 그만둘 수밖에 없었는데 말이다.

이때 상사에 대해 나쁜 말을 한다면 실제로 그 상사가 어떤 사람이든 간에 당신에게 부정적인 영향을 미친다. 설령 면접관이 당신 생각에 동조한다 해도 경솔하다는 인상은 벗어날 수 없다. 그리고 언젠가는 당신이 자신에 대해서도 험담을 할 것이라 걱정할지도 모른다. 실제로 당신 앞에서 남의 흉을 보는 사람은 다른 데서 당신의 흉도 보게 마련이기 때문이다.

이런 경우 침묵이야말로 꼭 필요한 용기이다. 용기란 '단호하게 위험에 맞서게 하는 영적인 힘'을 뜻한다. 고결하게 행동하겠다고 작정하라. 나불대고 싶은 충동을 이겨내라. 이전 상사를 쓰레기로 만드는 사람은 존경받을 수 없다. 무언가 꼭 말해야 한다면 건설적인 방향으로 하라. "그분께 많은 것을 배웠습니다"라고 한마디 해보라. 맞는 말이기도 하고 당신의 감정을 부드럽게 드러내는 말이기도 하지 않은가.

> **침묵은 힘을 가져다준다.**
> ─ 텅후 명언

침묵이 필요한 또 다른 경우를 보자. 상대가 계속 고집을 부릴 때 잠시 입을 다물었다가, "그래서 어떻게 하자는 거지요?"라고 묻는 것은 꽤 훌륭한 설득법이다.

몇 년 전 나는 UCLA대학교에서 워크숍을 진행하기 위해 로스앤젤레스로 갔었다. 워크숍 전날 밤 호텔에 도착해 직원에게 우편으로 미리 보내두었던 자료 뭉치를 찾아달라고 부탁했다. 하지만 어떻게 된 일인지 호텔 직원은 우편물이 도착하지 않았다고 했고, 나는 다시 자료를 만들어 복사할 수밖에 없었다.

24시간 복사 가게가 아직 등장하기 전이었던 만큼 몹시 당황스러운 상황이었다. 다행히 호텔 사무실에 컴퓨터와 복사기가 있었다. 나는 사정을 설명하고 기기를 사용하게 해달라고 부탁했다. 조심해서 잘 다룰 것이고, 사용료도 내겠다면서 말이다.

하지만 프런트 데스크 직원은 딱 잘라 거절했다. 사무실 기기는 외부인이 사용하지 못한다는 것이 이유였다. 그의 입장은 나도 이해가 갔다. 내가 뭔가 망가뜨릴지도 모르니 애초에 안 된다고 하는 편이 여러모로 안전했으리라.

결국 나는 둘 다 승리하는 상황을 만들고 싶어 침묵 전략을 동원했다. "그럼 저는 어떻게 하면 좋을까요?"라고 한마디 한 후 입을 다문 것이다.

내가 입을 다물어버리자 직원은 당황했다. 그제서야 그도 내 입장에서 상황을 생각해보게 된 셈이다. 막무가내로 안 된다고 거부하기보다는 나를 도와야 한다는 책임감도 느끼기 시작했으리라.

마침내 그의 입에서 "좋습니다. 컴퓨터와 복사기를 사용하십시오. 다만 조심해서 다루셔야 합니다!"라는 말이 떨어졌다. 나는 무사히 곤경을 헤쳐나갈 수 있었다.

집으로 돌아온 후 나는 호텔 총지배인에게 편지를 보내 프런트 직원이 특별한 배려를 해주었고, 깊이 감사한다고 알렸다. 여기서 감사 편지는 매우 중요한 의미를 지닌다. 상대에 대한 고려 없이 무작정 원하는 바를 얻기 위해 침묵 기법을 동원하라는 것은 아니기 때문이다.

"어떻게 하자는 거지요?" 혹은 "어떻게 하라는 겁니까?"라는 질문과 뒤이은 침묵은 상대의 양보를 되돌려줄 수 있을 때에야 공정한 도구가 된다. 상대가 내 입장이 되어 보여준 공감을 나도 보여야 한다. 배려를 그저 이용만 하는 데 그쳐서는 안 된다.

침묵은 세련된 말보다 더욱 큰 설득력을 발휘할 수 있다. 내가 이런저런 이유를 대며 호텔 직원을 쉴 새 없이 설득하려 들었다면, 거부의 의지만 더 확고하게 만들었을지도 모른다. 강하게 밀고 나갈수록 상대도 고집을 부리기 마련이다.
강한 주장은 때로 효과를 발휘할지 모르나 역효과가 나는 경
우가 더 많다.

Scene
07

상대의 긴 침묵에
흔들리지 마라

말을 줄이라는 조언은 아무리 많이 해도 부족하다.
— 프랭크 타이거(Frank Tyger, 작가)

　최근 작업실을 옮긴 어느 사진작가가 침묵 기법으로 효과를 거둔 경험담을 들려주었다. 작업실에 새로 카펫을 깔아야 하는데 인테리어 업자는 두 번씩이나 마지막 순간에 약속을 취소했다. 작업실 새 단장 기념 파티 사흘 전으로 다시 약속을 잡았지만, 시간이 지나도 일꾼들은 나타나지 않았다. 두 시간이 지난 후에야 전화가 걸려왔다. 앞서 다른 곳의 일이 늦어지는 바람에 카펫 작업은 다음 월요일로 미룰 수밖에 없다는 설명이었다.

화가 머리끝까지 난 사진작가는 고함을 질러대기 직전에 질문과 침묵 기법을 생각해냈다. 그래서 조용하면서도 확고한 어조로 또다시 연기하는 건 안 된다고 지적한 뒤, "제가 세 번이나 약속을 취소했다면 어떤 기분일 것 같나요?"라고 질문을 던지고 입을 다물었다.

인테리어 업자는 그제야 사과하며 상황 설명을 되풀이했다. 사진작가는 "월요일에 약속이 일곱 건이나 잡혀 있는데 제가 어떻게 하면 좋을까요?"라고 질문을 던진 후 또다시 입을 다물었다. 마침내 인테리어 업자는 원래대로 그날 안에 작업을 하겠다고 약속했다.

사진작가는 이렇게 덧붙였다. "텅후를 몰랐을 때라면 제 주장을 분명히 전달하지 못하고 그저 혼자서만 속상해했을 거예요. 약속은 다시 연기되고 말이죠. 워크숍을 통해 저는 침묵의 순간이 어떤 가치를 갖는지 알게 되었어요. 허둥지둥 입을 열어 침묵을 깨려고 할 필요가 없는 거지요. 더 이상 상대에게 질질 끌려다닐 필요도 없고요."

> **침묵은 가장 반박하기 어려운 주장이다.**
> ― 무명씨

이번에는 반대의 경우에 대해 알아보자. 협상 상황에서는 상대의 긴 침묵에도 흔들리지 않는 것이 아주 중요하다. 당신이 구직 면접을 하는 도중에 원하는 연봉을 말하는 순서가 되었다고 하자. 일단 "3500만 원 정도면 어떨까 합니다만……"이라고 말을 꺼냈다면, 이는 거기서부터 낮춰서 협상하겠다는 의미로 받아들여지기 십상이다. 이때 면접관은 말없이 눈썹만 추켜올릴 수 있다. 마치 "터무니없는 얘기군"이라고 말하듯 말이다.

이런 반응을 보고 당신은 금방 한발 물러서 "하지만 3000만 원만 주셔도 좋습니다. 전 이 일을 꼭 하고 싶으니까요"라고 말해버릴 수 있다. 혹은 "전 직장에서 그 연봉을 받았거든요"라든지 "다른 회사의 동일 직급 연봉이 그 정도더군요"라고 자기가 부른 연봉을 정당화하는 말을 덧붙일 수도 있다. 그러나 이런 태도는 더 낮은 연봉도 기꺼이 감수하겠다는 분명한 신호가 된다.

반면 "3500만 원입니다"라고 문장을 딱 끊어 말하면 요구가 좀 더 진지하게 받아들여진다. 면접관이 아무 말도 하지 않는다면 당신도 입을 다물라. 경험 많은 면접관은 침묵을 견디는 능력이 강인한 성격과 성숙함의 지표임을 잘 안다.

입 다물기는 텅후에서 가장 중요한 기법 중 하나이다. 공자는 '침묵은 충직한 자의 좋은 친구'라고 하였다. 입을 여는 것이 문제만 일으키는 상황에서는 지혜롭게 침묵하는 법을 배우라. 그러면 당신도 당신 자신의 좋은 협력자가 될 수 있다.

입을 다물기 위한
행동 전략

당신은 동네 수영장 설치 자금을 모금하는 데 참여하고 있다. 그런데 월례 회의에 참석해서 보니 말싸움이 한창이다. 대표자가 일을 제대로 못한다는 것이 이유다. 말싸움은 점차 인신공격으로 변해가고 대표자가 곧 파산한다느니 이혼하게 된다느니 하는 근거 없는 소문까지 나온다. 이제 대표자에 대한 당신의 의견을 이야기해야 한다. 어떻게 하겠는가?

😟 하지 말아야 할 **말과 행동**

생각 없이 불쑥 입을 연다 "모금 운동이 엉망으로 진행되고 있습니다.
목표에 미치지 못한 상태입니다."
소문에 맞장구친다 "대표의 아내가 세 아이와 개를 데리고 집을
나갔다고들 하더군요."
결국 자신에게 되돌아올 수 있는 험담을 하고 만다 "대표는 믿을 만한 사람이

못 돼요. 그의 아내는 어떻게 그런 사람과 결혼했는지 모르겠군요."

😊 해야 할 말과 행동

입을 열기에 앞서 생각한다 '내 의견을 더하는 것이 사태에 도움이 될까?'

험담에 동조하지 않는다 "전 아무 말도 않겠습니다.

대표가 왜 일을 많이 하지 못했는지에 대해 직접 아는 바가 없거든요."

대화의 방향을 건설적으로 돌린다 "이제 회의 시간이 겨우 30분 남았습니다.

문제 해결 방법을 논의해봅시다."

인간의 뇌는
부정형을 모른다

내가 말하지 않은 것 때문에 상처 받은 적은 한 번도 없다.

— 캘빈 쿨리지(Calvin Coolidge, 정치인)

누군가 당신을 공격해올 때는 순간적으로 무슨 말을 해야 할지 아득해질 수 있다. 이런 상황에서는 우선 하지 말아야 할 말이 무엇인지 아는 것이 중요하다. 즉각적으로 "그건 사실이 아니에요"라고 자신을 방어하려 하거나, "저는 그렇게 생각하지 않아요"라며 부인하고 나서지 말라.

왜냐고? 예기치 못한 언어적 공격에 발끈하여 되받는다면 이미 덫에 걸린 셈이 되어버리기 때문이다. "당신은 왜 그

렇게 늘 방어적이지요?"라는 말에 "난 방어적이지 않아요"라
고 답한다면 상대의 말을 확인시키는 꼴이 되고 만다. 너무
감정적이라는 말을 들은 사람이 "난 감정적이지 않다고요!"
라고 답하는 것도 마찬가지로 상대의 지적을 사실로 증명할
뿐이다.

> 마음은 보이는 것을 받아들일 뿐,
> 이면에 집중하지 못한다.
> ― 텅후 명언

그러자 한 워크숍 참가자는 내 말을 반박하고 나섰다.
"말도 안돼요. 그게 아니라고 말하는 것이 어떻게 그걸 증명
하게 된다는 건가요?"
좋은 질문이다! 여기서 기억해야 할 점은 우리 인간의 뇌
는 말해진 내용을 그대로 받아들일 뿐, 반대되는 모습을 그
려내지 못한다는 것이다. 무언가를 해서는 안 된다거나 하기
를 중단해야 한다고 말하면, 우리 뇌는 바로 그 무언가를 기
억한다. 간단한 실험을 해보자.

입 안에서 사르르 녹는 맛있는 아이스크림이 가득 담긴
길쭉한 유리그릇을 상상하지 마세요. 바닐라 아이스크

림 위로 맛있는 초콜릿 시럽이 얹혀 흘러내리는 모습을 절대 상상하지 마세요. 붉은 체리로 장식된 흰 우유크림에 대해 더 이상 생각하지 마세요. 그 아이스크림 그릇에 숟가락을 넣어 듬뿍 떠낸 후 입에 넣고 맛을 음미하는 장면을 떠올리지 마세요.

자, 상상하지 않고, 떠올리지 않고, 생각하지 않는 일이 가능한가? 그 장면에 이미 마음을 빼앗겨버려 '하지 말라'는 말은 잊어버리지 않았는가? 운동선수들이 원하지 않는 것(두 번 실수하면 안 돼!)이 아니라 원하는 것(첫 번째로 서브를 넣어야겠다!)을 그리는 이유도 바로 여기 있다. 전문 코치들이 "너무 빨리 헤엄치지 마!"라고 말하는 대신 "좀 더 천천히 꾸준히 헤엄쳐!"라고 말하는 이유도 마찬가지다.

남들에게, 그리고 자신에게 이야기할 때 긍정적인 표현만을 사용해보라. 동료가 "너무 흥분하지 마"라고 말할 때 "난 흥분하지 않았어"라고 답한다면 벌써 그 생각이 머릿속에 박혀버린다. 멍청이처럼 굴지 말라는 지적에 "난 멍청이가 아니야"라고 대답하게 되면 그 부정적인 이미지가 저절로 고정되고 만다.

미국 대통령을 지낸 리처드 닉슨Richard Nixon은 이 교훈을 얻기 위해 값비싼 대가를 치러야 했다. 개인 뇌물 수수 의혹을 받는 가운데 텔레비전 생방송 연설을 하게 된 그는 "전 사기꾼이 아닙니다"라는 부정적인 표현을 사용하고 말았다. 사기꾼이라는 오명을 벗기 위한 시도가 오히려 사기꾼이라는 이미지를 굳히는 역할을 한 것이다.

이 원칙은 모든 의사소통에 중요하게 적용된다. 상대를 불안하게 만드는 가장 확실한 방법은 "절대로 하지 마"라고 말하는 것이다. 자녀들에게 "싸우지 마!"라고 말한다면 어떤 결과가 생길까? "난 울지 않을 거야"라고 말한다면 어떻게 될까? 직원들에게 "지각하지 마세요"라고 말한다면?

이제부터는 자신에게나 남들에게나 긍정적인 표현을 사용하라. "너희 둘은 서로를 존중하고 배려해야 해", "모나리자 같은 미소를 지어야겠어", "월요일부터는 시간 맞춰 출근합시다. 9시 정각이 되면 사무실에서 앉아 전화받을 준비를 끝내야 합니다" 등으로 말이다.

뭐라고 말해야 할지 모를 때
해야 할 말

분노의 가장 좋은 치료제는 지연(遲延)이다.
— 세네카

누군가 당신을 정면으로 깎아내릴 때 뭐라고 말하면 좋을까? 이럴 때는 "무슨 뜻이지요?"라고 물으며 상대에게 다시 공을 넘기도록 하라. 이 질문은 다음에 열거하는 것처럼 여러모로 유익하다.

- 일단 대답이 된다.
- 분노를 지연시켜 공격에 즉각 대항하지 않게 한다.

- 상대의 의중을 드러내 당신이 사태를 파악할 수 있게 한다.
- 당신 스스로 생각할 시간을 벌어 후회할 말을 피할 수 있다.
- 성급한 대응을 막아준다.

질투는 남의 상황을 오해한 탓에 나타나는 경우가 99%라고 한다. 분노도 마찬가지다. 한 워크숍 참가자의 이야기를 들어보자.

"지난주까지만 해도 몰랐지만 이제는 이 기법의 효과를 절감하고 있답니다. 전 반년 전에 승진했고, 이제는 동료들을 지휘하는 입장이 되었어요. 조심스러운 상황이지요. 그런데 지난 금요일 퇴근 시간 직전에 제가 좋아하는 직원 하나가 방으로 들어와 문을 닫고 자리에 앉더니, 제가 상사로서는 최악이라고 말하더군요."

참가자는 말을 이어갔다.

"전 충격을 받았어요. 사람 대하는 데는 자신 있다고 생각해왔거든요. 전 최선을 다하고 있다고 설명하려다가, 그건 결국 변명에 불과하리라는 걸 깨달았죠. 그래서 그게 대체 무슨 말이냐고 되물었어요. 그랬더니 '이제는 일이 어떻게 진행되는지 아무도 모른단 말입니다. 몇 주 동안이나 전체 회의가 없었잖아요'라고 말하더군요. 그제야 그가 문제 삼은 것이 의사소통 부재임을 알게 되었지요. 우리는 어떻게 모든 직원이 충분한 정보를 공유할 수 있을지 의논하기 시작했답니다. 제가 좋은 상사인지 아닌지 따지는 대신 말이죠."

> **모든 논쟁은 누군가 무지하기 때문에 일어난다.**
> — 루이스 브랜다이스(Louis Brandeis, 미국의 법률가)

어느 날 한 친구가 내게 전화를 걸어와 고맙다고 인사를 했다. "열여섯 살짜리 아들 녀석이 씩씩대며 방으로 들어오더니 내가 너무 밉고 자기 엄마가 아니었으면 좋겠다고 하지 뭐니? 얼마나 놀랐는지 몰라. 제일 먼저 떠오른 생각은 '은혜도 모르는 녀석, 얼마나 힘들게 키웠는데 이런 소리를 하는 거야?'였지. 하지만 그런 말을 해봤자 소용없을 거라는 네 말을 기억하고, 대신 '도대체 무슨 말이니?'라고 되물었어. 그랬더니 울먹거리면서 '친구들은 다 모여서 밤새도록 노는데 저만 집에 와야 하잖아요. 이건 불공평해요'라고 말하는 거야. 아이가 화난 진짜 이유를 알고 나자, 난 아이가 친구 집에서 자지 못한 이유는 다음 날 아침 일찍 하키 시합을 가야 했기 때문이라고 설명할 수 있었지. '도대체 무슨 말이니?'라는 질문 덕분에 난 벌컥 화를 내는 대신 아이와 차분하게 이야기를 나누고, 이유를 파악할 수 있었단다."

> 무지는 자발적인 불행이다.
> ― 무명씨

    다음 일화를 보면 문제 상황의 원인을 찾아내는 것이 왜 그토록 중요한지 좀 더 분명해진다.

    비 오는 주말을 보내고 한 선생님이 학교로 출근해 보니 교실 한가운데 물웅덩이가 생겨나 있었다. 수위에게 전화를 걸었더니 곧 달려와서 바닥을 닦아냈다. 다음 날에도 똑같은 일이 되풀이되었다.

    사흘째에 다시 물웅덩이를 발견한 선생님이 관리 책임자에게 전화를 걸었다. "사흘째 같은 일이 반복되는군요. 좀 오셔서 해결해주시겠어요?"

    몇 분 후 관리 책임자가 나타났다. 하지만 걸레는 가져오지 않았다. 선생님이 "어떻게 물을 닦아내려고 빈손으로 오셨지요?"라고 물었더니 관리 책임자는 "저는 물을 닦아내는 대신 새는 천장을 고칠 겁니다"라고 대답했다고 한다.

    대체로 누군가 불친절하거나 불공정한 말과 행동을 하면 사람들은 그저 '고인 물을 닦아내는' 데만 바쁘다. 문제의 원인을 찾아 해결하는 대신 표면적인 현상에만 반응하는 것이다.

    자, 당신의 선택은 무엇인가? 상대의 행동이 마음에 들지 않을 때 당신은 불평할 수도 있고, 질문을 던질 수도 있다. 이때 "왜 그렇게 생각하는데?" 혹은 "무슨 뜻이지요?"라는 질

문은 그 알 수 없는 행동의 원인을 밝히기 위한 좋은 도구가
된다.

뭐라고 해야 할지 모를 때
말하기 위한 행동 전략

하루 종일 직장에서 힘들게 일한 후 집에 돌아왔다. 어서 푹 쉬고 싶은 마음뿐이다. 그런데 아내가 잔뜩 부어 있다. 무슨 일이냐고 물으니 "우리는 이제 함께 즐거운 일은 하지 않네요"라는 퉁명스러운 대답이 돌아온다. 최악의 상황이다. 당신은 어떻게 하겠는가?

 하지 말아야 할 **말과 행동**

감정적으로 부인한다 "바로 지난주에도 함께 외출했잖아."

이유를 모른 채 성급하게 대답한다

"우린 다른 부부들에 비해 외출을 훨씬 더 많이 하는 편이라고."

부인의 말이 틀렸다는 것을 증명하려 한다

"함께 외식을 하고 당신이 보고 싶어 하는 영화를 보러 가지 않았나?"

문제의 표면에만 반응한다

"난 일주일에 50시간이나 일해. 나가서 노닥거릴 기운이 없다고."

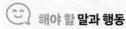 해야 할 **말과 행동**

상황을 파악하려 한다 "그게 무슨 뜻이지?"

정보를 구한다 "여보, 왜 그렇게 말하는 거야?"

자기 방어를 시도하지 않음으로써 말싸움을 피한다

"무엇 때문에 그런 생각을 하게 되었을까?"

문제의 근원을 찾아내고 보수를 시도한다

"아, 옆집 부부는 함께 테니스를 배운다는 거군. 그럼 우리는……."

잘못이 아닌 해결책에
집중하라

우리가 할 일은 과거에 대한 비난이 아닌, 미래를 위한 계획입니다.

— 존 F. 케네디(John F. Kennedy, 전 미국 대통령)

누가 잘못했는지, 그것이 어떤 잘못이었는지 찾기 위한 회의에 참석해본 경험이 있는가? 아마도 썩 즐거운 경험은 아니었을 것이다.

한 여성이 털어놓은 얘기를 들어보자.

"월례 간부 회의 중에 사장이 결산 보고를 하라고 했지요. 회계 팀장은 우물쭈물하더니 결산을 아직 끝내지 못했다고 실토하더군요. 사장이 이유를 캐물었더니 그건 자기 잘못이 아니라고, 마케팅 팀에서 최종 결과를 보내지 않은 탓이라고 설명했지요. 마케팅 팀장은 데이터 처리 담당자가 자료를 보내주지 않았다고 핑계를 댔고, 또 데이터 처리 담당자는 상사가 출장을 가는 바람에 결재를 받지 못했다고 변명을 했어요. 그런 식으로 모두들 책임을 떠넘기는 데 급급한 분위기였어요."

> 문제를 땅에 뚫린 구멍이라 생각하라.
> 구멍을 더 깊게 팔 수도 있고 새로 개간할 수도 있다.
> — 무명씨

입씨름에는 건설적인 가치가 전혀 없다. 입씨름에 휘말린 상황이라면 두 손을 높이 들고 "이제 그만합시다"라고 말하는 것이 가장 좋은 방법이다.

왜 손을 들어야 하느냐고? 주의를 집중시키는 효과가 크기 때문이다. 모두들 떠들어대고 있을 때는 남의 말을 통 들으려 하지 않는다. 교통 흐름을 끊으려는 경찰관은 손을 들어 보인다. 운동 경기 중에 선수들이 두 손을 들었다면 이는 규칙 위반 행동을 중단시켜달라는 신호이다.

해결책에 초점을 맞추도록 함으로써 대화를 좀 더 높은 차원으로 이끌어보라. 이를테면 "어째서 일을 망치게 되었는지 이유를 찾으면서 시간을 보낼 수도 있습니다. 하지만 그렇다고 해서 결산 보고서가 만들어지지는 않습니다. 그보다는 어떻게 빨리 일을 끝낼 수 있을지 방법을 찾아봅시다"라고 말하는 것이다.

워크숍에 참석했던 한 공무원은 다른 의견을 내놓았다. "때로는 원인을 밝혀야만 하는 경우도 있습니다. 공금 유용 사건이 일어났다고 합시다. 그러면 누가 범인인지 반드시 찾아야 합니다. 아니면 다 같이 책임을 지고 물러나야 하지 않나요?"

중요한 지적이다. 직업이나 업무에 따라서는 원인 제공자를 찾아야만 하는 입장에 놓일 수도 있다. 하지만 그런 입장이라 해도 어쩔 수 없이 심판자의 역할을 맡게 되었다는 점을 분명히 하라. 이렇게 말하는 것은 어떨까. "이렇게 해야 한다는 게 정말 내키지 않습니다만 지금 상황에서는 책임질 사람을 찾아내야만 하는군요. 다만 그 이후의 논의는 어떻게 하면 같은 일이 반복되지 않도록 예방할 것인지에 초점을 맞추도록 합시다."

> 궁극적인 지혜란 현재에 살고 미래를 계획하며,
> 과거에서 배우고 얻는 것이다.
>
> — 무명씨

우리는 과거를 바꾸지 못한다. 따라서 과거 일에 대한 입씨름은 시간 낭비에 불과하다. 할 수 있는 일은 과거에서 배우는 것뿐이다. 앞서 말했듯이 입씨름이 시작되는 상황이라면 손을 들고 "이건 전혀 소용없는 짓이에요"라고 말하라. 기어이 사상자가 생기기 전에 적대감을 끊어버리는 것이다. 입씨름은 아무 성과도 가져오지 못한다는 점을 분명히 알려야 한다. 그보다는 어떻게 애초의 목표를 달성할 것인지 논의하는 편이 훨씬 생산적이다. "누가 한 짓이야?"라는 사고에서 "이제 우리는 어떻게 할 수 있을까?"라는 태도로 옮겨가야 한다.

잘못의 원인이 아니라
해결책을 찾기 위한 행동 전략

장을 잔뜩 보고 난 후 계산을 하려 하는데 신용카드가 정지 상태다. 아내가 깜빡 잊고 지난 달의 대금 결제를 안 한 것이다. 다른 카드나 현금도 없다. 결국 골라온 물건을 그대로 다시 가져다 두어야 하는 처지가 되었다. 이런 상황을 만든 아내에게 몹시 화가 난다. 자, 당신은 어떻게 하겠는가?

 하지 말아야 할 **말과 행동**

과거의 잘못에 초점을 맞춘다
"어째서 대금 결제를 안 한 거지? 분명히 하겠다고 말했잖아?"
잘못의 이유를 파고든다
"뭐라고? 시간이 없었다고? 그럼 더욱 미리미리 처리했어야지."
잘못이 아내에게 있다고 재차 강조한다 "바로 당신 때문에 수많은 사람

앞에서 망신을 당했어. 확인 안 한 내 잘못이라니, 말이 되는 소리야?"

입씨름을 계속한다

"당신 직장 일이 바빴다는 건 핑계가 안 돼. 그건 말이 안 된다고."

해야 할 말과 행동

미래의 해결책에 초점을 맞춘다

"오늘 대금 결제를 해서 사용 정지를 풀어줄 수 있어?"

이제부터 할 수 있는 일을 제시한다 "앞으로는 대금 결제가 늦어졌다면

미리 말해줘. 내가 모르고 카드를 내밀지 않도록 말이야."

손을 들고 적대적인 말싸움 중단을 선언한다 "서로를 비난해봤자 아무

소용이 없어. 이런 일이 반복되지 않도록 할 방법을 생각해보자고."

두 사람 모두가 바라는 결과에 대해 언급한다 "우리는 어차피 같은 편이야.

우리 둘 다 카드 대금 결제가 제대로 되기를 바라고 있거든."

승자 없는 논쟁에서
벗어나는 기술

**내가 저지른 모든 실수, 내가 목격한 모든 소란은
결국 충분히 생각하지 않고 행동한 결과였다.**
— 무명씨

승자 없는 논쟁이 벌어지려는 상황일 때 어떻게 하면 좋을까?

당신이 상대의 마음을 바꿀 수 없고, 상대 역시 당신의 마음을 바꿀 수 없다는 것이 분명한 경우, 논쟁은 서로의 감정을 상하게 하고 관계를 망가뜨릴 뿐이다.

'일단 내뱉은 말은 멀리 날아가버려 다시 붙잡을 수 없다' 라는 러시아 속담이 있다. 그러면 지금부터 말이 입 밖으로 날아가기 전에 붙잡는 방법을 알아보자. 후회할 말이 기어이 튀어나오기 전에 우아하게 논쟁을 피하는 기술 말이다.

> 인생의 행복은 싸움을 하는 것이 아니라
> 싸움을 피하는 데 있다.
> 멋진 퇴각은 그 자체가 곧 승리이다.
>
> — 노먼 빈센트 필(Norman Vincent Peale, 미국의 성직자)

출구 없는 논쟁을 비켜가는 효과적인 방법은 잠시 입을 다문 뒤 "우리 둘 다 옳아요"라고 말하고 다른 주제로 옮겨가는 것이다.

어떤 논쟁에서든 양쪽 모두 합리적인 근거를 내세우기 마련이다. 한쪽이 옳고 다른 쪽은 틀리다거나, 한쪽이 선하고 다른 쪽이 나쁜 경우는 많지 않다. 양쪽의 견해가 모두 유효하다. 그렇기에 서로를 원수로 여기기보다 다만 의견이 다를 뿐임을 이해해야 한다.

어느 워크숍 참가자는 얼마 전의 경험을 털어놓았다.

"아내와 함께 처가댁에 저녁을 먹으러 갔습니다. 식사 중에 제가 고속도로 공사가 다시 중단되었다는 말을 꺼내고 말았죠. 큰 실수였습니다! 장인어른은 정말 잘된 일이라면서 애초부터 고속도로 건설을 시작하지 말아야 했다고 하시더군요. 주변 환경을 온통 망친다는 거였죠. 하지만 제 입장은 달랐습니다. 매일 몇 시간을 출퇴근에 허비하는 상황이니까요. 그래서 고속도로는 꼭 필요하다고, 자동차가 10년 전에 비해 네 배나 늘어났다는 점을 감안해야 한다고 설명했습니다. 장인어른은 요즘 젊은 세대들은 자기 출퇴근 걱정만 하는 이기적인 인간들이라고 화를 내셨죠."

워크숍 참가자는 말을 계속 이어나갔다.

"저도 그만 참지 못하고 소리를 질렀습니다. '아무리 그래도 진보는 막을 수 없는 겁니다!' 그러자 장인어른이 냅킨을 던지고 벌떡 일어나 나가버리셨습니다. '내 집 식탁에 앉아서 이런 얘기를 더 들을 필요는 없어'라고 하시면서요. 그런 일이 벌어지지 않았다면 얼마나 좋았을까요. 애초에 고속도로 공사를 화제에 올리지 않았다면, 설사 그 얘기가 나왔다 해도 의견 차이는 있기 마련이라고 말하고 다른 얘기로 넘어갔다면 말입니다."

맞는 말이다. 조지 버나드 쇼 George Bernard Shaw가 말했듯이, 공손함처럼 쉽게 많은 것을 가져다주는 덕목은 없다.

> **훌륭한 매너는 사소한 희생을 바탕으로 한다.**
>
> ― 랄프 왈도 에머슨(Ralph Waldo Emerson, 사상가)

10대 자녀를 다루는 방법에 부부간에 의견 차이가 있다고 하자. 남편은 아내가 아이에게 너무 오냐오냐한다고 생각하고, 아내는 남편이 너무 강압적이라고 느낀다. 보통 이러한 의견 차이는 심각한 싸움으로 발전하기 십상이다.

예컨대 이런 것이다. 남편은 "이 집에서 누가 윗사람인지 확실히 보여주지 않으면 아이는 절대 우리 말을 듣지 않아"라고 하고, 아내는 "억누르면 더 반항할 게 뻔하잖아"라고 응수한다. 그러면 다시 남편은 "여긴 우리 집이야. 여기서 살고 싶다면 우리 규칙을 따르는 게 당연해"라고 주장하고, 아내는 "그 애는 벌써 열일곱 살이야. 어른이 다 되었다고. 아이 다루듯 해서는 안 돼"라고 반박한다. 이런 식의 논쟁이 끝없이 계속된다.

이때 필요한 것은 "우리는 한 팀이야"라는 한 문장이다. 이 한 문장이 부부를 대립에서 협력으로 바꿔놓는다.

미국의 작가 샘 레벤슨Sam Levenson은 '눈으로는 늘 서로를 볼 수 없을지 모른다. 하지만 마음으로는 늘 서로를 보도록 노력할 수 있다'라고 했다. 의견이 다르다고 해서 적이 되어야 하는 것은 아니다. "우리는 결국 같은 결과를 바라고 있잖아"라고 말해보라. 두 사람의 목적지는 같다. 다만 도달하는 방법이 다를 뿐이다. 이 점이 확인되고 나면 적대적인 분위기에서 벗어나 공동의 문제를 함께 고민하기가 쉬워진다.

이때 워크숍에 참석한 한 부인은 "좋은 이야기네요. 하지만 우리 남편한테는 아무 소용이 없어요. 말싸움이 벌어지면 항상 이겨야 직성이 풀리거든요"라고 말했다.

당신도 이 부인과 같은 고민을 안고 있는가? 걱정할 것 없다. 이 책에서는 일방적인 대화를 어떻게 끝내면 좋을지에 대해서도 다룰 테니 말이다. 사실 이런 문제는 드물지 않게 나타난다.

우선
막다른 길에서 빠져나와라

논쟁으로 한쪽이 다른 쪽을 설득해내는 광경은 한 번도 보지 못했다.

— 토머스 제퍼슨(Thomas Jefferson, 전 미국 대통령)

계약 건을 협의하던 중에 대화가 벽에 부딪쳤다면 어떻게 하겠는가? 양쪽 모두 한 발짝도 물러서지 않는 대립 지점에서 이야기가 멈춰버렸다면? 거기서 양보했다가는 그때까지 얻은 것을 다 잃어버리는 것이나 다름없는 그런 지점 말이다.

그럴 때는 "이 부분부터 끝냅시다"라고 말하면서 조금은 덜 첨예한 내용으로 일단 옮겨가도록 하라. 입장을 바꿀 필요 없이 화제를 돌리는 것이다. 그러면서 우호적인 분위기를 형성한 다음 다시 대립 지점에 이르게 되면, 한결 편안하게 문제를 다룰 수 있다.

언젠가 동료들과 식사를 하면서 선거 이야기를 하게 되었다. 선거전은 혼탁했고 각 후보 진영은 경쟁 진영을 비난하는 상황이었다. 서로 다른 후보를 지지하던 동료들은 곧 흥분하기 시작했다. 그러다가 한 사람이 나를 보며 물었다. "누가 당신되어야 한다고 생각해?" 나는 그 끝나지 않을 말싸움에 휘말리고 싶지 않았다. 그래서 두 손을 들고 미소 지으며 대답했다. "난 여기서 빼줘."

인간 의사소통의 궁극적 목적은 타협이다.
— 스콧 펙(M. Scott Peck, 미국의 의사 겸 작가)

미국의 법률가 클래런스 대로우Clarence Darrow는 '생각한다는 건 서로 다르다는 뜻'이라고 하였다. 대체로 서로 다르게 생각하는 사람들은 자기 입장을 고수하고 바꾸려 들지 않는 경우가 많다. 발뒤꿈치를 땅속에 단단히 박고 움직이기를 거부하는 것이다. 그러므로 사람마다 서로 생각이 다를 수밖에 없다는 점을 앞서 소개한 명언이나 속담 등을 인용하며 언급한다면, 양쪽 모두의 체면을 손상시키지 않으면서 우회로를 찾을 수 있다.

나는 몇 년 전에 80대의 어느 경영 전략가가 마련한 세미나에 참석할 기회가 있었다. 행사가 진행될수록 강연자의 정신 상태가 온전치 못하다는 점이 드러났다. 아주 명료하고 날카롭게 이야기하다가, 다음 순간 전혀 상관없는 내용을 웅얼거리는 식이었다.

또 조금 전과 완전히 반대되는 입장으로 돌변해 상반되는 주장을 펼치기도 했다. 한 참가자가 이 점을 지적하자, 강연자는 자기가 언제 반대되는 이야기를 했냐며 앞서 했던 이야기를 부인했다. 그러고는 자신을 무례하게 대한다고 화를 냈다. 참가자 역시 자기가 옳다고 생각했기에 물러서지 않았다.

나와 함께 그 자리에 있던 동료는 그런 식의 기 싸움이 누구에게도 도움이 되지 않는다고 판단했다. 어느 쪽도 물러서지 않는 상황이므로 대립은 영원히 계속될 수밖에 없다는 생각이었다. 친구는 자리에서 일어나 단호한 목소리로 "두 분 모두 옳습니다"라고 말했다. 그리고 양쪽 의견에 대한 사례를 하나씩 제시한 후, 다른 주제로 질문을 던져 강연자가 말을 이어나가도록 했다.

우아하게 논쟁에서 벗어나기 위한
행동 전략

부모님의 결혼 50주년 기념 파티를 위해 근처 공원을 예약했다. 테이블을 펴며 한창 준비를 하고 있는데 다른 가족이 나타나 자기들도 공원을 예약했다고 한다. 그러고는 당장 관리인을 불러 내쫓겠다고 위협한다. 당신은 어떻게 하겠는가?

😞 하지 말아야 할 **말과 행동**

말싸움을 시작한다 "잠깐 기다려보세요. 우리도 당신네와 똑같은 권리를 가지고 있어요."

적대적인 분위기를 조성한다 "테이블을 차지하고 싶었다면 더 일찍 왔어야지요."

'당신'이라는 말을 사용하며 화를 부추긴다 "당신들이 밀고 들어와 우리를 내쫓을 수 있다고 생각한다면 어림없어요."

자기 입장을 고수하며 상대를 적으로 간주한다 "도대체 알 수 없군. 벌써 몇 달 전부터 계획한 파티잖아. 당신들이 뭔데 이렇게 망쳐버리는 거지?"

 해야 할 **말과 행동**

말싸움을 피한다 "함께 파티를 열 방법을 찾아봅시다."

우호적인 분위기를 조성한다 "테이블을 좀 더 설치할 수 있는지 알아봅시다."

'우리'라는 말을 사용한다 "공원 예약에서 어떤 착오가 있는지는 우리 함께 나중에 확인하도록 합시다. 일단 지금은……."

원하는 결과를 얻기 위해 방법을 강구한다

"손님들이 오기 전까지 준비를 마쳐야 하니 어떻게 장소를 나눠 쓰면 좋을지 생각합시다. 결국 우리가 원하는 결과는 똑같으니까요."

2부

하지 말아야 할 말,
해야 할 말

대화를 말싸움으로 바꾸는 망치,
'하지만'

막대기나 돌멩이는 내 뼈를 부러뜨릴 수 있다.
하지만 말은 마음을 무너뜨린다.

— 로버트 풀검(Robert Fulghum, 작가)

로버트 풀검의 말처럼 말은 큰 상처를 남기는 무기가 될 수 있다. 상대의 말은 나를 모욕하기도 하고 부끄럽게 만들기도 하고, 남들로부터 소외시키기도 한다.

2부에서는 무기가 되는 말에 대해 알아보려 한다. 무기란 '공격적 혹은 방어적 전투 도구'로 정의된다. 일부러 전투적인 말을 사용해 상대의 적대감을 부추기고 피곤한 말싸움에 휘말리고 싶은 사람은 별로 없을 것이다. 텅후 워크숍을 통해 전투적인 표현을 우호적인 표현으로 바꾼 사람들은 직장과 가정의 일상적인 대화에서 놀라운 변화가 일어났다고 고백하기도 했다.

> 말은 줄에 걸린 빨래처럼 마음의 바람에 펄럭인다.
> — 라메슈와 다스(Rameshwar Das, 인도의 기업인)

얼마 전 자동차를 대여하러 갔을 때의 일이다.

내 옆줄에 섰던 사람이 "전 존스라고 하는데요, 포드 머스탱을 예약했습니다"라고 말했다. 직원은 기록을 조회하며 잠시 머뭇거리더니 "네, 맞습니다. 하지만 포드 머스탱이 하나도 남아 있지 않네요"라고 대답했다.

"아니, 뭐라고요? 벌써 몇 주 전에 전화를 걸어 예약했는데요."

"그러셨네요. 하지만 오늘 아침에 그 차종이 다 나가버렸습니다."

"이해할 수가 없군요. 이럴 거면 제가 무엇 때문에 일부러 시간을 내 전화 예약을 했겠어요? 제가 빌려갈 한 대는 남겨두었어야죠."

"맞는 말씀입니다. 하지만 아침에 근무하던 신입 직원이 예약 목록을 확인하지 않은 모양입니다."

내가 자리를 뜰 때까지도 이런 입씨름이 이어졌다. 왜일까? 직원이 계속 '하지만'이라는 표현을 사용해 상대의 반감을 키웠기 때문이다. '하지만'은 대화를 말싸움으로 바꾸는 망치인 셈이다.

> 망치를 휘두르며 관계를 만들 수는 없다.
> ─ 무명씨

평화롭고 멋진 대화의 비법을 알고 싶은가?

이제부터는 '하지만'이라는 파괴적인 단어 대신에 '그리고'라는 건설적인 단어를 사용해보라. '그리고'는 앞서 말했던 내용을 반박하지 않고 굳건히 해주는 아름다운 단어이다. 그리하여 대화가 논쟁으로 빠질 걱정 없이 계속 이어지게 한다.

앞서 든 예에서 직원이 "네, 맞습니다. 포드 머스탱을 예약하셨네요. 그리고 죄송스럽게도 그 차종이 다 나가버린 상태입니다. 더 고급 차종으로 업그레이드해드려도 괜찮을까요?"라고 말했다면 어떻게 되었을까?

생각해보면 '하지만'이라는 단어는 보통 부정적인 소식을 이끌기 마련이다. "문서를 훌륭하게 잘 만들었네. 하지만……" 혹은 "제가 이 일을 처리하는 데 15분이면 충분하다고 말한 건 맞습니다. 하지만……" 같은 경우는 어떤가? 듣는 사람 입장에서는 십중팔구 반갑지 않은 얘기가 나오는 상황이 아닌가?

"대출이 얼마 필요하신지는 잘 알겠습니다. 하지만……" 이라는 말은 보나마나 대출을 해줄 수 없다는 거절의 뜻을 내포하고 있다. '하지만' 앞에 나온 말은 열심히 들을 필요도 없다. '하지만' 다음에 나오는 말이 핵심이기 때문이다.

> **물론 난 고함지르고 있네!**
> **그건 내가 기분 나쁘기 때문이야!**
> — 레슬리 찰스(Leslie Charles, 배우)

위 인용문은 "물론 난 고함지르고 있네! 하지만 그건 당신이 날 기분 나쁘게 만들었기 때문이야!"라고 고치는 편이 더 정확하다. 이렇게 '하지만'이라는 단어는 상대가 말한 내용을 전혀 중요하지 않은 것으로, 혹은 비난하는 것으로 만들어버린다. "좋은 지적입니다. 하지만……"이라고 했다면 실은 "당신은 잘못 생각하고 있어요"라는 뜻이다. 당연히 '하지만'이라는 말을 들은 사람은 저항감을 느끼게 된다.

한 영어 선생님은 '하지만'에 대해 새로 깨달은 것이 있다면서 다음과 같은 편지를 보내왔다.

저는 20여 년 동안 교직에 종사했습니다. 그리고 늘 '하지만'이라는 단어가 문장이나 구절을 잇는 접속어라고만 여겼지요. 하지만 워크숍을 통해 '하지만'이 문장을 연결하기는커녕 부딪치게 만든다는 것을 알게 되었습니다. 다시 말해 문장들이 조화를 이루지 못하고 갈등을 일으키는 상태가 되게 하는 것이지요. 이는 '하지만'이 앞서 말한 것과 나중에 말한 것을 동등한 위치로 두지 않기 때문입니다.

학생들과 '하지만'이라는 단어를 사용해 여러 가지 연습을 해보았는데 결과는 늘 똑같았습니다. 나쁜 소식을 전달하는 것이었지요. "이 차를 사용하고 싶은 마음은 알겠어. 하지만……"; "나도 널 팀에 넣어주고 싶어. 하지만……"; "나도 약속해주고 싶어. 하지만……".

저와 학생들은 대화할 때 '하지만'을 쓰지 않기로 약속했습니다. 교사 회의에서 그 이야기를 했더니 동료들도 정말 필요한 변화라며 동감하더군요. 언어를 가르치는 교사의 역할은 발음 교정이나 철자, 문법을 학습시키는 데 그치지 않습니다. 건설적으로 의사소통하기 위한 단어 선택 방법 또한 가르쳐야 한다고 생각합니다.

대화를 논쟁으로 빠지지 않게 하는 '그리고'

**최고의 지적 능력은 반대되는 두 가지 생각을
동시에 할 수 있는지의 여부로 판단된다.**
— 스콧 피츠제럴드(Scott Fitzgerald, 작가)

피츠제럴드의 이 말을 좀 바꿔보면, 최고의 인간관계는 반대 의견을 가진 두 사람이 적이 되지 않고 어울릴 수 있는지의 여부로 판단할 수 있지 않을까? 이는 '그리고'라는 단어를 사용함으로써 가능해진다. 앞서도 지적했지만 '하지만'이라는 단어를 사용하기 시작하면, 즉각 '내 생각이 네 생각보다 옳아. 넌 틀렸어'라는 마음이 전달된다.

텅후 워크숍에서는 이따금 두 사람씩 짝을 이뤄 한쪽은

독신을 옹호하고, 다른 한쪽은 결혼 생활을 예찬하는 연습을 하곤 한다. 목표는 상대가 생각을 바꾸도록 설득해내는 것이다. 이때 자주 이루어지는 대화는 다음과 같다.

"어떻게 늘 같은 사람과 함께 살 수가 있어요? 너무 지루해요. 독신일 때는 원하는 사람과 원하는 때, 원하는 곳에 얼마든지 갈 자유가 있지요."

"그래요. 하지만 그런 자유는 곧 싫증나는 법이에요. 밤늦게 집에 돌아오지 않을 때 걱정해주는 누군가가 있다는 게 얼마나 좋은데요."

"하지만 결혼은 구속이에요. 주택담보대출이며 각종 청구서며 집안 살림이며 일이 끝이 없죠."

"그렇기는 해요. 하지만 흥청망청 파티가 밤마다 이어지는 독신 생활도 그저 빛 좋은 개살구일 뿐이에요."

이런 식으로 5분가량 시간이 흐르면 나는 대화를 중단시키고 느낌을 말해보라고 한다. 그러면 다만 역할 연습을 했을 뿐인데도 상대에 대해 화가 치민다는 대답이 나오곤 한다. '하지만'이라는 단어를 얼마나 자주 사용했는지 물어보면, 말한 사람 스스로도 놀랄 만큼 거의 매번 그 단어가 등장했다는 사실을 알게 된다. 미처 의식도 못하는 사이에 일단 상대의 주장을 거부하고 자기 의견만 내세웠던 것이다. '하지만'은 이렇게 진전 없는 말싸움만 이어지게 한다. 어느 쪽도 진정으로 상대방의 말에 귀를 기울이지 않는 것이다.

잠시 후 나는 '하지만'을 '그리고'로 바꿔 넣으며 다시 대화를 계속하도록 한다. 그러면 저절로 대화가 공손해지고 부드러워진다.

"맞아요. 순간적인 충동에 따라 행동하는 건 늘 좋다고 할 수 없지요. 그리고 세상에서 나를 최고라 생각해주는 아이를 가진다는 것도 멋지네요."

"좀 더 안정적으로 살고 싶다는 마음을 이해해요. 그래서 구속 없이 자유로운 삶을 좋아하지 않는 것이군요?"

참가자들은 대화가 얼마나 달라지는지 느끼고는 깜짝 놀라곤 한다. 말 한마디로 인해 '상대 의견의 오류를 찾으려는 태도'에서 벗어나 상대의 의견을 존중하고 인정하기 시작하는 것이다.

'그리고'라는 말은 긍정적, 부정적 소식을 모두 이끌 수 있다. "문서를 훌륭하게 잘 만들었네. 그리고 여기 이런 질문을 하나 더 넣어주면 어떨까?" 혹은 "이 일을 처리하는 데 15분이면 충분하다고 제가 말했던 건 맞습니다. 그리고 시간을 초과하게 되어 죄송합니다. 저희 컴퓨터가 곧 정상화될 테니……", "저도 대출을 해드릴 수 있으면 좋겠습니다. 여기에 더해 세금 납부 관련 서류를 주실 수 있을까요?" 등과 같이 말할 수 있는 것이다.

지금 누군가와 견해 차이가 있어 고민 중인가? 그렇다면 두 사람 모두 '하지만'을 즐겨 사용하고 있는 것은 아닌지 살펴보라. '하지만'은 갈등을 깊게 하고, '그리고'는 갈등을 예방한다. '하지만'은 적대감을 낳고, '그리고'는 공감을 낳는다. 이제부터는 '그리고'라는 말을 자주 사용해 서로 다른 의견을 감정적인 충돌 없이 교환해보라.

논쟁 없이 상대를 인정하기 위한
행동 전략

당신은 개를 키우고 싶어 하지만 남편은 반대한다. 오랫동안 똑같은 의견 대립이 이어지는 중이다. 이제는 결론을 내고 싶다. 어떻게 대화를 이끌어가야 할까?

 하지 말아야 할 **말과 행동**

공격을 통해 부정적인 반응을 유발한다
"당신이 개를 싫어한다는 건 알아요. 하지만 난 좋아한다고요."
'하지만'을 사용해 적대적 분위기를 조성한다
"개 돌보기가 귀찮지요. 하지만 그 일은 내가 할 거라니까요."
상대의 의견을 묵살한다 "당신의 주장은 신물 나게 들었어요.
그래도 왜 이렇게 반대하는지 이유를 모르겠어요."
'하지만'을 계속 사용하며 상대의 주장을 부정한다 "동물 병원 비용이 비싸다고 하지만 우리 개는 아프지 않을 테니 걱정 말아요."

😊 해야 할 **말과 행동**

긍정적, 건설적인 표현을 사용한다 "당신이 개를 싫어한다는 건 나도 알아요.
나한테도 그 사실은 아주 중요해요."

'그리고'를 사용해 상대의 시각을 인정한다 "당신한테 개를 산책시킬 시간이
없다는 건 알아요. 그리고 그 일은 내가 맡을 거예요."

말해진 사실들을 연결해 이어나간다 "당신 마음을 이해해요.
걱정하는 일이 일어나지 않도록 우리 둘이 잘해나갈 수 있을 거예요."

'그리고'를 통해 상대의 주장을 인정한다 "당신 말 뜻을 나도 알아요. 그리고
개한테 예방 주사를 제때 맞히면 병이 나거나 하지는 않을 거예요."

Scene
15

사후약방문은
분노를 일으킨다

실수는 발견의 첫걸음이다.
— 텅후 명언

실수를 저지른 사람에게 당신은 보통 어떻게 행동하는
가? 어떻게 했어야 했는지 일일이 훈계를 해야 직성이 풀리
는가? 다음은 "이렇게 했어야지"라는 표현이 얼마나 나쁜지,
그 표현을 버렸을 때 얼마나 큰 효과를 거둘 수 있는지 보여
주는 사례다.

내 친구 찰리는 고등학교 미식축구팀 코치다. 몇 년 전 그
팀은 지역 대회 결승전을 치르게 되었다. 박빙의 실력으로

마지막까지 엎치락뒤치락한 끝에 동점을 만든 상황에서 내 친구의 팀이 공격 기회를 얻었다. 길게 패스한 공은 찰리의 아들인 조니 쪽으로 날아갔다. 공을 받아 득점할 절호의 기회였다.

공을 잡기 직전에 조니는 절대 해서는 안 될 행동, 그러니까 그 후 수백 번, 수천 번 후회할 행동을 했다. 수비수들이 얼마나 가까이 접근했는지 확인하기 위해 뒤를 돌아본 것이다. 공은 손가락 사이로 빠져나가 바닥에 떨어졌다. 시합이 패배로 끝난 뒤 조니는 완전히 기가 죽어 고개를 떨어뜨리고 앉아 있었다.

흥분을 가라앉히지 못한 찰리는 아들 앞에서 고함을 질렀다. "이런 바보 녀석 같으니라고! 공에 시선을 고정했어야지! 대체 무슨 생각을 했던 거냐? 다 이긴 경기를 네가 날려버렸잖아!"

조니는 마침내 더 이상 참지 못하고 벌떡 일어서 대답했다. "그만하세요. 저도 그러려고 한 건 아니었어요. 두 번 다시 아버지와 함께 시합에 나가지 않겠어요." 그러더니 차를 타고 집으로 돌아와 자기 방에 틀어박혀버렸다.

그 경험을 소중하게 사용한다면
그 어떤 잘못도 시간 낭비는 아니다.
— 오귀스트 로댕(Auguste Rodin, 조각가)

다음 날 아침 찰리는 내게 전화를 걸어 도움을 청했다. "내가 일을 엉망으로 만들어버렸어. 하지만 그런 멍청한 실수를 저지른 아이에게 뭐라 말할 수 있겠나?"

나는 찰리에게 이렇게 말했다.

"과거를 되돌릴 수 있는 사람이 어디 있어? 잘못을 저지른 사람에게 그게 어떤 잘못이었는지 말해주는 것은 분노를 일으킬 뿐이야. 결코 돌이킬 수 없는 일에 대해 왈가왈부하는 셈이니까. '이렇게 했어야지'라는 말은 아예 사용하지 마. 아무 소용 없는 말이잖아. 그저 상대의 체면을 깎고 자존심만 상하게 하지. 누군가 잘못을 저질렀을 때 우리는 그 잘못을 비난할 수도 있고 거기서 교훈을 얻을 수도 있어. 조니는 실수를 되돌릴 수 없어. 그저 교훈을 얻을 수 있을 뿐이야. 이미 일어난 일에 매달려 위축되는 대신 뼈아픈 경험을 바탕으로 한 걸음 더 앞으로 나가게 해야 해."

몇 주 뒤 찰리를 만났을 때 그는 아들에게 사과했다고 알려주었다. 그리고 그 경험이 미식축구 팀이나 가족들과의 관계에서도 교훈이 되었다고 털어놓았다. "우리 모두는 실수를 저지르는 존재잖아. 그걸 비판하기보다는 잘 코치하는 것이 중요해. 이제 나는 '이렇게 했어야지'라는 말로 야단치지 않아. 이제부터 어떻게 해야 할지 함께 이야기할 뿐이지."

자, 누군가 당신에게 "당신은 이 서류 작업을 먼저 끝냈어야 합니다", "넌 그 내용을 나한테 이메일로 보내야 했어", "차를 더 일찍 가져오셨어야지요"라고 말하는 장면을 상상해보라.

어떤 기분이 드는가? 이런 식의 사후약방문은 분노를 일으키기 십상이다. 게다가 아무 소용 없는 말일 뿐이다. "이렇게 했어야지"라는 표현은 말썽을 부린 아이에게 팔을 휘두르는 위협 행동과 다를 바 없다.

그렇다면 과거의 잘못을 꼬집어 비판하는 대신 미래에 초점을 맞추게 한다면 어떤 기분이 들까? 두 번 다시 같은 잘못을 반복하지 않아야 한다는 것에 더 초점을 맞춰 지적하는 식으로 말이다.

예컨대 이렇게 말하면 어떨까? "다음부터는 이 서류 작업부터 마쳐주십시오. 그러면 일 처리가 훨씬 쉽습니다", "앞으로는 사전에 이메일을 먼저 보내주시겠습니까?", "이제부

터는 연료 경고등이 들어오자마자 차를 끌고 오십시오. 그러
면 엔진 손상이 없을 테니까요."

남의 잘못을 지적할 때
해서는 안 되는 말

교육의 비밀은 학생을 존중하는 데 있다.
— 랄프 왈도 에머슨

늘 사람들이 따르는 리더가 되고 싶은가? 가장 필요한 덕목과 자질은 무엇일까? 텅후 워크숍 참가자의 의견을 들어보자.

"감시하기보다 코치하는 것은 특히 리더에게 필요한 자질이라고 생각합니다. 제가 처음 만났던 상사는 책상 위에 '모든 경험은 영혼을 위한 교육이다'라고 써 붙여두고 있었지요. 그리고 제가 제 행동을 부끄러워하지 않고 더 긍정적으로 만들어가도록 도와주었습니다. 이제는 저도 부하 직원들이 잘못을 저지르면 그걸 따지는 대신 앞으로 어떻게 할 것인지 물어봅니다. 지난주에는 그 효과를 확인시켜주는 일이 있었습니다. 새로 입사한 직원이 소프트웨어 프로그램을 서툴게 다루다가 컴퓨터를 망가뜨렸거든요. 문제는 컴퓨터뿐 아니라 데이터도 날아갔다는 겁니다. 저장을 해두지 않았기 때문이었지요. '데이터베이스 접근 방법을 모른다고 진작 이야기를 했어야지요' 혹은 '컴퓨터에 문제가 생기면 전원을 끄는 대신 누구한테 물어봤어야지요'라는 말이 입 밖으로 튀어나오기 일보직전이었습니다."

그의 경험담은 이어졌다.

"그 순간 저는 저의 첫 상사를 떠올렸고, 고함치며 꾸중을 하는 대신 그 일을 통해 어떤 점을 배웠느냐고 담담히 물었습니다. 직원은 컴퓨터 사용법을 잘 몰랐다고 고백하면서 용서를 구했고, 자기가 할 수 있는 모든 것을 하며 사후 처리를 돕겠다고 하더군요. 저는 '우유를 엎지르고 울어봤자 소용없다'라고 말하면서 데이터 복구에 최선을 다하자고 했습니다. 오후 늦게 그 직원이 다시 찾아왔습니다. 제 일 처리 방식에 감사하다면서 컴퓨터 교육 프로그램을 듣겠다고 하더군요. 이런 말도 했습니다. '예전 직장 상사였다면 아직도 저한테 고함을 질러대고 있을 겁니다. 전 직장을 그만둔 이유도 거기 있었지요. 부하 직원을 멋대로 대하는 것이 정말

싫었거든요. 저를 인간으로 대우해주셔서 감사합니다'라고
요."

IBM 회장을 지낸 토머스 왓슨 1세Thomas John Watson Sr.는 '실
패를 성공의 적으로 여기는 것은 흔히 목격할 수 있는 실수
다. 실패는 뼈아프지만 가장 훌륭한 교사다. 실패가 당신을
위해 일하도록 만들어라'라고 했다.

이제부터는 주변의 누군가가 실수를 저질렀다면, 그 실
수가 당신을 방해하는 것이 아니라 당신을 돕도록 만들어라.
고통의 경험을 교사로 삼아라. 그리하여 실수를 가차 없이
처단하는 냉혹한 사람이 아닌, 실수에서 배울 줄 아는 겸손
한 사람이 되자.

비판자가 아닌 코치가 되기 위한
행동 전략

아이가 성적표를 들고 왔다. 당신은 아이의 형편없는 수학 성적에 입이 떡 벌어진다. 아이가 수학을 어려워하는지조차 몰랐다. 자, 아이에게 어떤 말을 해야 할까?

 하지 말아야 할 **말과 행동**

잘못에 초점을 맞춰 야단친다 "수학이 어렵다는 말을 왜 하지 않았니?"

'이렇게 했어야지'와 같은 표현을 사용한다

"그러게 텔레비전만 보지 말고 공부를 열심히 했어야지."

'했어야 했다'라는 표현을 사용한다

"모르는 문제가 있으면 선생님께 여쭤보았어야 해."

계속 비판해 패배감을 안겨준다

"이렇게 형편없는 성적을 받아오다니 정말 실망이다."

☺ 해야 할 **말과 행동**

교훈에 초점을 맞추고 해결 방법을 묻는다

"수학 성적을 올리기 위해 어떻게 할 생각이니?"

미래의 행동을 제안한다

"오늘부터 텔레비전은 숙제를 끝낸 다음에 보는 것으로 하자."

'이제부터는'이라는 표현을 사용해 미래를 준비하게 한다

"이제부터는 문제 풀다가 어려우면 선생님이나 친구들한테 도와달라고
하렴."

코치 역할을 하며 교훈을 얻도록 돕는다

"앞으로는 네가 수학 숙제를 좀 더 열심히 할 것으로 믿는다."

명령을 부탁으로 바꿔주는
한마디 말

자기 의지에 반하는 방향으로 설득당했다면 그건 설득당한 것이 아니다.

— 로렌스 피터(Laurence Peter, 심리학자)

명령받기를 좋아하는 사람을 본 적이 있는가? 분명히 없을 것이다. "다시 전화하십시오"라든지 "조지에게 물어보도록 해요"라는 명령조의 말을 들었을 때, 어쩐지 마음이 불편하지 않은가? 뭐라 딱 꼬집어 말할 수 없지만 왠지 언짢은 이유는 무엇일까?

> 자기 의지에 반하는 방향으로 설득당한 사람도
> 여전히 자기 의지를 가지고 있다.
> — 무명씨

아침에 일어난 순간부터 잠자리에 드는 순간까지 우리가
하는 행동은 딱 두 부류로 나눌 수 있다. 해야만 하는 일이든
지, 아니면 하고 싶은 일이든지 둘 중 하나인 것이다.

해야만 하는 일이라고 해서 마냥 미뤄둘 수 있는 것은 아
니다. 안 했다가는 좋지 못한 결과를 맞게 될 테니 말이다. 하
지만 대체로는 마지못해 억지로 하게 된다. 하고 싶은 일인
경우에만 자발적으로 행동하는 것이 인간의 본성이니까.

명령을 부탁이나 권유로 바꾸는 것이 중요한 이유는 바
로 여기에 있다. 명령이 제안이 되면 사람들은 지긋지긋한
의무감의 굴레에서 벗어나 자발적인 마음을 먹게 된다.

앞서 예로 들었던 명령을 다음과 같은 질문으로 바꾸면
어떤 느낌이 드는가? "지금 자리에 안 계십니다. 다시 전화
하시겠습니까, 아니면 메모를 남겨드릴까요?", "이 프로젝
트는 조지 담당이에요.. 이 번호로 전화하시면 상세한 설명을
들으실 수 있을 겁니다."

자율성은 '자기가 주도하는 자유' 혹은 '자기 통제 상태'
를 말한다. 누구나 자율성을 원하기 마련이다. 이 세상에 자
율성을 빼앗기고 싶어 하는 사람은 없다. 위의 문장을 잘 살

펴보면 질문과 권유가 상대에게 선택권을 부여하고 있다는 점이 드러날 것이다. 모름지기 선택권을 얻은 사람이 더 잘 협력하는 법이다.

> ## 같은 행동이 언제 어디서나 통할 수는 없다.
> — 텅후 명언

이때 워크숍 참가자가 질문을 던졌다. "선택의 가능성이 없다면 어떻게 해야 하지요? 전 제 직원들이 교육에 참가할지 말지 일일이 물어보지 않습니다. 그건 반드시 해야 하는 일이니까요." 또 다른 참가자는 "아들 녀석한테 방을 치울지 말지 선택하게 한다면 절대로 치우는 법이 없을 텐데요"라고 덧붙이기도 했다.

이쯤에서 하고 싶은 말은 이 책에 소개된 기법들을 언제 어디서든 적용 가능한 전천후 기법으로 보아서는 안 된다는 것이다. 때로는 당신이 통제권을 쥐고 사람들에게 지시해야 하는 경우도 분명히 있을 것이다. 다만 갈등을 최소화하는 방식으로 요구 사항을 전달하는 것은 모두에게 유익하다. 예의를 갖추며 명령을 내린다면 사람들이 거기에 맞춰 행동하겠다고 선택할 가능성이 더 높아진다. 중요한 것은 어떤 표현을 써서 지시하고 명령할 것인지 좀 더 신중하게 생각하는 태도다.

다음 예문을 비교해보라. 불쾌한 명령이 얼마나 듣기 좋게 바뀌는지 놀랍지 않은가?

명령	부탁과 권유
금요일에 있을 신입 직원 교육에 참가해야 합니다. 모든 신입 직원들에게 예외 없는 의무입니다.	금요일에 있을 신입 직원 교육에 참가할 수 있도록 일정을 조정하시겠습니까? 신입 직원들이 모두 참가할 겁니다.
이 프로젝트에서는 베른 씨와 함께 일해야 합니다.	보고서를 작성하면서 베른 씨와 함께 호흡을 맞춰줄 수 있을까요?
친구들과 놀러가기 전에 쓰레기를 내다 버리도록 해.	쓰레기를 내다 버려준다면 친구들과 놀아도 좋아.
사무실에 가서 이 서류 양식을 받아 다시 이쪽에 와서 도장을 받아야 합니다.	사무실은 3층에 있습니다. 거기서 서류를 받아오시면 허가해드리겠습니다.

언젠가 어느 비서에게 자기 상사가 텅후 워크숍에 참가한 이후 완전히 바뀌었다는 편지를 받은 적이 있다. 비서는 그 당시 강압적인 상사의 스타일에 지칠 대로 지친 상태였다

고 한다. 아침에 출근하자마자 긴 업무 목록이 내려오고 시도 때도 없이 전화를 걸어 "마누엘 씨 전화번호를 말해", "10분 안에 서류를 가져와", "프로젝트 계획서를 가져다 줘" 등의 명령이 이어졌다는 것이다.

하지만 워크숍에 다녀온 뒤 상사는 업무 목록 위에 '앤지, 다음 일들을 처리해줘요'라는 문장을 덧붙이기 시작했고, 고함치듯 명령하는 대신 "마누엘 씨 전화번호가 있나요?", "오늘 오후 미팅 때 필요해서 그런데 서류 좀 찾아주겠어요?", "프로젝트 계획서 좀 가져다 주세요"라며 부드럽게 지시했다. 비서의 편지 내용을 일부 소개하면 다음과 같다.

저는 너무 놀란 나머지 어찌 된 일이냐고 묻지 않을 수 없었습니다. 상사는 텅후 워크숍 이야기를 하더군요. 워크숍을 통해 부하 직원이나 가족과 의사소통하던 방식을 돌이켜보았고, 자신이 늘 권위적으로 행동했다는 점을 깨달았다고 했습니다. 그리고 그 방식이 관계를 망치고 있다는 점도 알아차렸던 거지요. 상사는 아직 늦지 않았다고 믿었고, 의식적인 노력을 기울이기 시작했습니다. 그 이후로 저 또한 상사를 위해 훨씬 즐겁게 일하게 되었습니다.

질문을 통해 상대방이
판단하도록 만들어라

참된 교사는 자기 의견을 강요하는 것이 아니라,
학생들의 마음에 불을 붙여야 한다.
— 프레데릭 로버트슨(Frederick Robertson, 성직자)

　훈계는 잔소리와 같은 말이다. 부모 자식 관계, 부부 관계
에서 우리는 간혹 언제 어떤 일을 해야 하는지 '상기시키려
는' 마음에 혼자 급해지곤 한다. "내일까지는 발표 준비를 해
야지", "지금 피아노 연습을 해야 연주회를 잘 치르게 될 거
야", "차에 휘발유가 다 떨어졌으니 오늘 채워줘", "어서 화
분에 물 좀 줘요. 다 말라 죽어가니까……."

　이런 식의 말들은 상대를 걱정하고 도움을 주려는 마음

에서 나왔을지 모르지만, 책망이나 비난으로 들리기 십상이다. 그래서 듣는 사람은 선뜻 몸이 움직여지지 않는다.

훈계보다 훨씬 더 효과적인 방법은 질문을 던짐으로써 원하는 행동을 하도록 유도하는 것이다. 이렇게 하려면 사전에 생각을 많이 해야 한다. 하지만 이를 통해 당신은 독재자에서 교육자로 거듭날 수 있다. '교육하다'라는 의미의 영어 단어 'educate'도 '이끌어내다'라는 라틴어 어원에서 나왔다고 한다.

앞에 나온 예문들을 질문으로 바꾸면 이렇다. "내일 발표 때는 무슨 얘길 하려고 하니?", "연주회 준비는 잘 되어가니?", "내일 아침에 출근할 만큼 휘발유가 남아 있어요?", "화분에 물을 좀 더 주면 좋을 것 같아요."

자, 이제 좀 더 '부드럽고 친절하게' 상대의 행동을 이끌어낼 수 있겠다는 생각이 드는가? 그렇다면 지금부터 고압적인 태도로 몰아붙이는 대신 상대가 스스로 생각해 결론을 내리도록 해보라. 질문을 통해 상대방이 판단하도록 만드는 것이다.

명령을 부탁으로 바꾸기 위한
행동 전략

당신은 회사에서 운영하는 무료 급식소에서 자원봉사자들을 지휘하게 되었다. 자원봉사자들에게 업무를 배분하고 방법을 알려주어야 한다. 어떻게 할 것인가?

 하지 말아야 할 **말과 행동**

명령하고 지시하는 입장에 선다

"자, 들어보십시오. 여러분이 앞으로 두 시간 안에 마쳐야 할 일을 알려드리겠습니다. 제시간에 마칠 수 있도록 해야 합니다."

해야 할 일을 알려준다. 듣는 사람은 저항감을 느끼게 된다

"아주머니는 당근 껍질을 벗겨요. 여기 아저씨는 수프를 끓이고 거기 계신 분은 그릇을 준비하세요."

의무적 행동을 부과한다

"5시 30분부터는 오븐을 써야 하니 빵은 지금 당장 구워야 합니다."

해야 할 **말과 행동**

친절한 목소리로 동기부여를 한다 "오늘 이렇게 와주셔서 감사합니다.
오후 6시까지 우리가 함께 끝마쳐야 할 일들을 설명해드리겠습니다."
명령을 부탁으로 바꾸어 말한다 "아주머니는 당근 껍질부터
벗겨주시겠어요? 아저씨는 수프를 끓여주셨으면 하고요……."
행동을 권고한다 "나중에 오븐을 다시 써야 하니 먼저 빵 굽기부터
끝내는 것이 어떨까요?"

따귀를 찰싹
때리는 듯한 말

'할 수 없다'라는 말을 마음에서 지워라.

— 새뮤얼 존슨(Samuel Johnson, 시인)

제안이나 부탁이 무참히 거절당했을 때 어떤 기분이 드는가? 예를 들어 다음과 같은 상황 말이다. 당신이 다음 주말에 그간 바쁜 업무를 처리하느라 미뤄둔 휴가를 갈 예정이라 월급을 좀 일찍 받을 수 없느냐고 상사에게 물었다고 하자. 그런데 상사가 "안 돼. 아직 월급 계산이 안 끝났기 때문에 그럴 수는 없어"라고 대답한다면?

여기서 '안 돼'와 '… 때문에 할 수 없다'라는 말이 마치 당신의 따귀를 찰싹 때리는 것처럼 느껴지지 않는가? 이런 말은 저절로 적대감을 불러일으킨다.

이때 만약 상사가 할 수 없는 것 대신에 할 수 있는 것에 초점을 맞춰 "알겠네. 월급 계산이 끝나는 대로 받을 수 있게 해주지"라고 대답했다면 어떨까? '알겠네'와 '끝나는 대로 할 수 있다'라는 말이 가능성의 문을 열어주지 않는가?

누군가의 부탁을 들어주는 일은 몇 가지 조건만 충족되면 얼마든지 가능하다는 점을 늘 기억해둘 필요가 있다. 그리고 불가능한 이유 대신 언제 어떻게 가능해질 것인지에 초점을 맞추도록 하자.

이를테면 "심판이 도착하지 않았으니 아직 경기를 시작할 수 없어" 대신에 "심판이 도착하면 바로 경기를 시작할 수 있어. 5분 안에 심판이 오지 않는다면 그냥 시작하자고"라고 말하는 것은 어떤가. 또는 "컴퓨터 오류 때문에 재고 상황을 확인할 수 없습니다" 대신에 "컴퓨터 오류만 해결되면 곧바로 재고 상황을 살펴 원하시는 제품이 있는지 알려드리겠습니다. 대략 5분만 기다리시면 됩니다"라고 말하는 것이다.

> 스스로를 돕지 않고는 누구도 진정으로
> 남을 돕지 못한다는 것, 이는 인생이 주는
> 가장 아름다운 위로이다.
> — 랄프 왈도 에머슨

박탈은 무엇인가를 빼앗는다는 뜻이다. 상대의 부탁을 거절하는 경우는 상대가 원하는 바를 박탈하는 셈이고, 이는 분노를 불러온다. 반면 고안은 무엇인가를 얻거나 일으키기 위한 계획이다. 불가능한 이유를 설명하는 대신, 그것이 어떻게 하면 가능한지 보여주는 것이다. 상대가 애타게 바라는 바를 무시하는 대신 이룰 수 있도록 돕는 것이다. 도우려 하는 진심 어린 노력은 결국 우리 자신에게도 도움이 된다.

홀로 세 아이를 키우는 어느 아버지의 경험담을 보자.

"전 늘 아이들과 대립하며 살았습니다. 아이들이 무엇인가 허락을 구하러 오면 늘 안 된다고 했죠. 그러는 내 모습이 스스로도 싫었지만 말입니다. '아니, 자동차는 내가 써야 하니 빌려줄 수 없다', '네가 맡은 일을 끝내지 못했으니 친구들과 놀 수 없다', '아직 숙제를 못 했으니 비디오 게임은 안 된다', '아직 저녁도 먹지 않았으니 아이스크림은 안 돼' 등등……. 하지만 텅후 워크숍을 듣고 굳이 그럴 필요가 없다는 걸 깨달았습니다. 그래서 '……하기만 하면'이나 '……한 후에'라는 표현을 사용하기 시작했습니다. '그래, 내가 장을 봐서 돌아온 후라면 자동차를 가지고 나가도 좋다', '네가 맡은 일을 끝내기만 하면 친구들과 얼마든지 놀아도 좋아', '숙제를 마친 후에는 비디오 게임을 해도 좋고말고', '저녁 식사가 끝나고 나면 아이스크림을 먹어도 된단다.' 이렇게 바뀐 거지요."

사람의
마음을 얻는 기술

친절한 한마디는 짧지만 그 울림은 끝이 없다.

— 마더 테레사(Mother Teresa, 성직자)

'……하기만 하면 물론 좋아'라든지 '그래, ……한 후에는 가능해'라는 말이 없다면 세상이 어떻게 될까? 상대의 부탁이나 바람을 들어줄 가능성이 없다면? 남을 도와줄 방법이 전혀 없다면 대체 어떻게 할 것인가? '……해줄 방법이 없다'라거나 '어쩔 수 없다'라는 말을 계속 써야 한다면 당신 또한 무력감을 느끼게 된다. 그리고 상대방은 결국 당신이 자기에 대해 무관심하다고 생각하게 될 것이다.

설사 나쁜 소식이라 해도 '……하기를 바란다', '……했으면 좋겠다' 등의 표현을 덧붙여 부드럽게 만들도록 노력해보라. 사소해 보이지만 이러한 표현은 공감의 뜻을 전달한다. 당신이 상대를 걱정하고 있다는 것도 알려준다.

이를테면 "이번 달 소식지에는 자네의 글을 넣을 방법이 없어. 너무 늦었어"라고 말하는 대신, "이번 달 소식지에 넣으면 좋겠지만 벌써 인쇄에 들어갔군. 괜찮다면 내가 보관했다가 다음 달에 넣어주지"라고 말하는 것은 어떤가. 또 "오늘 오전 중에 물건을 배달해드릴 수는 없습니다. 아직 이곳으로 도착하지도 않은 상태거든요"라고 말하는 대신, "저도 오전 중에 주문하신 물건을 배달해드릴 수 있다면 정말 좋겠습니다. 물건이 여기 도착하는 대로 전화해드리겠습니다"라고 말하는 것이다.

휴가 때 고향 집으로 가야 하는 상황인데 기상 악화로 공항이 폐쇄되었다고 가정해보자. 공항 직원이 "자, 보십시오. 항공편은 모두 취소되었습니다. 제가 해드릴 일이 없네요. 오전 시간 중에는 출발할 방법이 없습니다"라거나 "이런 악천후에는 비행기 이륙이 불가능합니다. 날이 좋아질 때까지 기다리셔야 합니다"라고 무표정한 얼굴로 말했다고 하자. 가뜩이나 계획이 틀어져 언짢은 당신의 마음은 한층 더 꼬여버릴 것이다.

반면 "모처럼 고향에 가시는데 저도 당장 비행기를 태워

드리고 싶습니다. 항공편이 정상화되는 대로 방송으로 안내해드리겠습니다", 혹은 "폭설로 비행기가 뜨지 못하게 되어 유감입니다. 그래도 제가 하나 해드릴 수 있는 일이 남아 있네요. 여기 무료 식사권을 드릴 테니 기다리는 동안 점심 식사부터 하십시오"라는 말을 들었다면 기분이 어떨까?

이렇게 '……하기를 바란다', '……했으면 좋겠다'라는 말은 공감의 문을 열어준다. '……해줄 방법이 없다'거나 '어쩔 수 없다'라는 표현은 좋지 않은 상황을 더욱 막다른 골목으로 이끌 뿐이다.

> 상대의 슬픔을 느끼는 것은 적선보다 더 힘들다.
> 돈은 인간의 자아 바깥에 있지만,
> 공감은 자기 영혼과의 대화이기 때문이다.
> ― 윌리엄 마운트포드(W. H. Mountford, 작가)

이번에는 '……했으면 좋겠다'라는 말을 어서 딸에게 해주고 싶어 입이 근질근질했던 어느 어머니의 경우를 보자.

"어젯밤에 딸아이가 내 방으로 달려오더니 학교 연극에서 주인공을 맡게 되었다고 말하더군요. 그러면서 첫 공연이 언제 있으니 꼭 와달라고 했어요. 그런데 일정을 확인해보니 마침 주말 출장이 잡혀 있었어요. 딸아이는 제발 출장 일정을 바꿔달라고 사정했지만, 전 그건 불가능하다고 말해버리고 말았답니다. 그 전에도 출장 때문에 딸아이 학교 행사에 가보지 못한 적이 많았어요. 딸은 더 이상 참을 수 없었는지 엄마는 늘 자기보다 일을 훨씬 더 중요하게 생각한다면서 절 원망하더군요. 그렇지 않다고 달래보아도 소용이 없었어요."

그 어머니는 계속 말을 이었다.

"지금 생각해보니 그건 내가 할 수 있는 일은 아무것도 없다고 주장한 탓이 컸어요. 딸아이는 자기한테 그토록 중요한 일에 엄마가 무관심하다고 생각하고는 섭섭한 마음이 컸고요. '나도 공연장 제일 앞줄에 앉아 네 공연을 볼 수 있으면 정말 좋겠다'라고 말했다면 상황은 조금이라도 달라졌겠지요. 오늘 워크숍에 참가하면서 아직은 손쓸 방법이 있다는 점을 깨달았어요. 전 오늘 저녁에 집에 가자마자 딸아이에게 공연 장면을 누군가에게 부탁해 비디오로 촬영하고 출장에서 돌아온 후에 함께 보자고 할 거예요. 거실에서 둘이 나란히 앉아 공연을 보면 딸아이는 이런저런 설명도 해줄 수 있겠지요. 그렇게 하면 딸아이도 제가 정말로 공연을 보고 싶어 한다는 걸 알게 될 거예요."

당신이 할 수 없는 일, 상대가 얻을 수 없는 것 대신에 당신이 할 수 있는 일, 그로 인해 상대가 얻을 수 있는 것에 초점을 맞추도록 하라. 이를 통해 이해와 공감의 촛불이 밝혀질 것이다. 이것이 사람을 얻기 위한 첫 단계다.

'… 때문에 할 수 없다'를 지우기 위한
행동 전략

당신은 여행사 직원이며 오늘따라 업무가 정신없이 바쁘다. 그때 고객이 전화를 걸어와 복잡한 일정 계획을 알려주고 가능한 한 빨리 최저 비용 항공편을 알아봐달라고 부탁한다. 이미 일이 밀린 터라 오늘 중에 그 부탁을 처리할 수 없는 상황이다. 어떻게 이 상황을 알리면 좋을까?

☹ 하지 말아야 할 말과 행동

할 수 없다고 말한다 "제가 다른 일이 밀려 지금 당장은 해드릴 수 없습니다. 내일까지 기다리셔야겠습니다."

거절당했다는 느낌을 전한다 "지금 당장은 알아봐드릴 방법이 도저히 없네요. 다른 고객들의 항공권 구매 건이 잔뜩 밀려 있거든요."

도울 수 없는 이유를 설명한다 "다른 업무를 내던지고 손님 일부터 처리할 수가 없습니다. 그건 불공평하니까요."

☺ 해야 할 **말과 행동**

할 수 있는 일을 말한다

"내일 아침 제일 첫 번째로 고객님의 항공편부터 살펴보겠습니다."

도움을 주겠다는 의지를 전한다

"항공권 구매 업무가 끝나자마자 바로 알아봐드리겠습니다."

도와주고 싶다는 말로 공감을 전한다

"손님 일부터 처리해드리고 싶습니다만 워낙 일이 밀려서요.
이해해주시면 감사하겠습니다."

문제를 일으키는
'문제'라는 말을 버려라

우리는 사물을 있는 그대로 보지 않고 자기 상황과 형편에 따라 달리 본다.

— 아나이스 닌(Anais Nin, 작가)

문제를 일으키는 한마디 말이 무엇인지 아는가? 바로 '문제'라는 말 자체이다. 과학자나 수학자들에게 이 단어는 '연구하고 해결해야 할 질문'이라는 의미일 뿐 부정적인 뉘앙스가 없다.

하지만 우리 보통 사람들에게 '문제'는 곧 곤란과 말썽을 뜻하는 말이다. '당황, 실망, 분노의 원천'이 되어버리는 것이다. 매일같이 이 말을 사용한다면 상대방은 무엇인가 잘못되었다는 느낌을 가질 수밖에 없다. 당연히 상대방 역시 당황하고 실망하고 분노하게 된다. 자기도 모르게 자신을 대하기 어려운 사람으로 만들어버리는 셈이다.

> **가진 연장이 망치밖에 없다면**
> **모든 문제를 못으로 보게 된다.**
> — 에이브러햄 매슬로(Abraham Maslow, 심리학자)

'문제'라는 말이 가진 문제에 대해 이야기를 시작하자 의류 사업가 한 사람이 웃음을 터뜨리며 경험담을 털어놓았다.

"지난달 저는 최고경영자 교육 프로그램에 참여했었어요. 거기서는 '사방을 돌아다니는 경영'을 강조하더군요. 책상에 앉아 서류 작업에만 매달리다 보면 회사 인력을 제대로 관리 감독할 수 없다는 거였지요. 그럴듯하다고 생각했어요. 안 그래도 너무 서류에만 파묻혀 있다는 생각을 하던 중이었거든요. 그래서 몇 시간마다 자리에서 일어나 직원들을 보러 다녔답니다. 그럴 때 어떤 인사말을 건넸는지 아세요? '뭐 특별한 문제는 없지요?'였답니다. 그러니 늘 우는소리만 듣게 되었지요. 이제부터는 '잘되어가지요?'라고 인사를 해야겠어요. 그렇게 해야 불만 사항뿐 아니라 전반적인 업무에 대해 생산적인 대화를 나눌 수 있을 테니까요."

> 옳은 말은 강하다. 그런 말의 효과는
> 정신뿐 아니라 육체에까지 미친다.
>
> — 마크 트웨인(Mark Twain, 작가)

워크숍에 참가한 어느 신사는 침울한 표정이었다. 그는 이렇게 말했다.

"어젯밤에 이걸 알았다면 좋았을 텐데요. 다 큰 아들 녀석이 전화를 해와서는 '아버지랑 이야기 좀 할 수 있어요?'라고 묻기에 '그래, 무슨 문제냐?'라고 물었지 뭡니까? 아마 아들은 아버지가 자기를 무슨 문제가 있어야 전화해오는 사람으로 여긴다고 생각했을 겁니다."

마크 트웨인이 말한 대로 말은 육체적, 정신적으로 영향을 끼친다. '문제'라는 말을 과도하게 사용하면 상대의 활력을 떨어뜨리고, 그러다가 결국 모두가 만나기 싫어하는 존재가 될 수도 있다.

긍정적인 표현이
인생을 바꾼다

인생은 생각하는 대로 흘러간다.
— 마르쿠스 아우렐리우스(Marcus Aurelius, 로마 황제)

모름지기 우리가 말하는 방식이 세상을 보는 눈을 결정하는 법이다. 어느 유통 전문가의 말을 들어보자.

"말이라는 건 정말 중요합니다. 우리 백화점은 고객 불만 처리팀의 팀명을 품질 보증팀으로 바꾸었지요. 그러자 부서원들의 업무 실적이나 사기가 눈에 띄게 달라졌습니다. 그 전에는 문제 해결이 자기 업무라고 생각해 스트레스를 받았다면, 이제는 최고 수준의 품질을 유지시키는 업무라는 자부심을 느끼게 된 거지요. 팀으로 들어오는 모든 제언은 우리 제품과 서비스의 질을 높여주는 기회가 됩니다. 자신의 업무가 회사의 명성에 긍정적으로 기여한다는 느낌이 사기를 높이고 있습니다."

마찬가지로 '문제'라는 단어를 긍정적인 표현으로 바꿔 넣음으로써 당신도 대화를 더욱 긍정적인 방향으로 바꿀 수 있다. 몇 가지 예를 들어보자.

Before	After
비서한테서 네가 전화했다는 말을 들었다. 무슨 문제라도 있니?	자, 아까 무슨 얘기를 하고 싶었던 거니?
이제 회의를 끝내고 업무로 돌아갑시다. 마지막으로 의논해야 할 문제가 있나요?	회의를 끝내기 전에 의논해야 할 것이 있나요?
자네가 금요일 오후에 반차를 내는 데는 아무 문제도 없네.	물론 자네는 금요일 오후에 반차를 낼 수 있네. 그만큼 애썼으니 충분히 자격이 있어.
당신이 그 고객을 대한 방식에 문제가 있습니다.	그 고객과 무슨 일이 있었던 거지요?
아무 문제 없습니다. 이건 제 일이니까요.	괜찮습니다. 도와드릴 수 있어 기쁩니다.
자네 문제가 뭔지 아나? 자기 생각 밖에 안 한다는 거야.	주변 사람들을 좀 더 배려해주면 좋을 것 같아.

우리의 태도가 세상을 색칠하는 크레용이다.

— 앨런 클라인(Allen Klein, 전 미국유머협회 회장)

남편이 작은 꽃가게를 운영한다는 캐서린은 '문제'라는 단어를 없애자는 제안을 통해 아주 큰 효과를 얻었다고 말했다.

"이제까지 남편은 늘 '문제'라는 단어를 사용하면서 스스로 인생관을 부정적으로 만들어왔어요. 결국 말처럼 모든 것이 문제가 되어버린 셈이었지요. 제가 꽃 배달을 하고 돌아와 잘되어가냐고 물어보면 남편은 '문제 하나가 해결되자마자 다른 문제가 터졌어'라고 말하거나, '어째서 모두들 나한테 자기 문제를 쏟아내는 거지?'라고 불평하곤 했어요. 가게 직원이 남편과 이야기를 하고 싶다고 하면 대뜸 '좋아. 문제가 뭔데?'라고 물었고요. 또 늘 '우리가 의논해야 할 다른 문제가 있나?'라는 질문으로 대화를 끝냈지요. 고객이 언제까지 화환 배달이 가능하겠냐고 물으면 '아무 문제 없습니다'라든지 '문제가 좀 있습니다'라고 대답했지요. 어제는 딸아이가 아빠한테 고맙다는 인사를 하는데도 '괜찮아. 아무 문제 없단다'라고 대답하지 뭡니까?"

캐서린이 말을 이어갔다.

"남편은 '문제'라는 단어가 부정적인 이미지를 가지고 있으며, 계속 그 부정적 효과가 알지 못하는 사이에 조금씩 쌓여간다는 것을 전혀 깨닫지 못했던 거예요. 그래서 전 어제 선생님의 강연 테이프를 사서 남편과 출퇴근하는 차 안에서 듣기 시작했어요. '문제'라는 단어에 대한 이야기가 나오자 남편은 아무 말 없이 귀를 기울이더군요. 한참 후 내 쪽을 보면서 '내가 바로 저렇지?'라고 물었어요. 남편은 이제 '문제'라는 단어를 던져버리기로 결심했답니다. 그 단어 때문에 삶을 부담으로, 투쟁의 대상으로 보았다는 걸 비로소 깨닫게 된 것이지요. 그는 정말로 세상을 좀 더 긍정적으로 보기 시작했어요. 저희 가족이나 꽃가게 손님들이 모두 느낄 정도로 말입니다."

그렇다. 앞에 언급한 앨런 클라인의 말처럼 우리의 태도가 바로 세상을 색칠하는 크레용이다. 그리고 우리 태도를 색칠하는 크레용은 다름 아닌 우리가 쓰는 말이다.

'문제'라는 단어를 버리기 위한 행동 전략

자영업을 준비해오던 당신이 드디어 컴퓨터 수리 사업을 시작했다. 전화 상담도 하고 방문 수리도 한다. 전화벨이 울린다. 어떻게 받는 것이 좋을까?

 하지 말아야 할 **말과 행동**

부정적인 뉘앙스로 말을 시작한다

"안녕하세요? 컴퓨터에 어떤 문제가 있나요?"

'문제'라는 말을 계속 사용해 스트레스를 높인다

"지난달과 똑같은 문제가 발생한 모양이군요. 왜 그렇게 되었을까요?"

잘못된 것이 무엇인지 알아본다

"그 밖에 안 되는 것이 있나요? 프린터는 문제가 없나요?"

😊 해야 할 **말과 행동**

긍정적이고 열린 인사말을 한다

"안녕하세요? 어떻게 도와드리면 좋을까요?"

해결책에 초점을 맞춘다 "어떻게 된 일인지 알겠습니다. 방문을 원하신다면

오후에 가겠습니다."

부정적인 판단 없이 정보를 수집한다

"다른 기기들은 잘 되나요? 프린터도 괜찮고요?"

극단적인 표현은 질문으로
되돌려주어라

과장 또한 진실이다. 다만 절제를 잃어버렸을 뿐이다.
— 칼릴 지브란(Kahlil Gibran, 작가)

"넌 내 말을 듣는 법이 없어!", "넌 늘 지각이지", "뭐든지 당신 맘대로 하려고 하는군요"와 같은 극단적인 표현을 들으면 어떤 생각이 드는가?

극단적인 표현은 극단적인 반응을 유발한다. 칼릴 지브란이 지적했듯이, '누구나', '모든 것이', '언제나', '아무도'와 같은 강한 단어들도 기본적으로는 진실에 바탕을 두었을 수 있다. 하지만 진실이 과장되면 상대는 분노하기 마련이다.

전부가 아니면 아무것도 아니라는 논리가 불공평하다고 생각하고는 즉각 예외적인 부분을 언급할 것이다.

> 대화의 정확성은 중요하다.
> 우리 시대에는 더욱 그렇다.
> 틀렸거나 오해를 유발하는 말이
> 돌발 행동만큼이나 비극적인 결과를 낳을 수 있다.
> — 제임스 터버(James Thurber, 유머작가)

대화가 주관으로 빠지지 않고 객관성을 유지하도록 하려면 실제 상황에 근거를 두어야 한다. 예를 들어 "강아지 먹이 주는 일을 늘 잊어버리는구나. 굶겨 죽일 참이니?"라는 말은 즉각적인 반발을 불러온다. 극단적인 단어가 사용되었을 뿐 아니라 극단적인 결론을 이끌어내고 있기 때문이다. 이는 상대방을 이중으로 자극하는 것이다. 아이가 강아지 먹이를 주지 않았다는 사실과 아이가 강아지를 돌보지 않는다는 사실은 크게 다르다.

그보다는 "벌써 이번 주에 세 번째로 강아지 밥을 주지 않았구나. 무슨 일이니?"라고 물어보면 어떨까? 중립적인 관찰과 정보 요청을 통해 개인에 대한 공격보다는 상황에 초점을 맞추는 것이다. 이렇게 하면 아이를 전투태세로 만드는 대신 이유를 설명하고 행동을 바로잡을 기회를 주게 된다.

워크숍에서 이런 이야기를 하고 있는데, 한 여성 참가자가 얼굴을 붉혔다. 이유를 묻자 참가자는 자기 이야기를 털어놓았다.

"왜 아이들이 저한테 자꾸 화를 내는지 이제 깨달았어요. 전 늘 과장을 하거든요. '베란다에서 들어올 때 문을 닫으라는 소리를 백만 번은 했을 거야'라든가 '우유를 다시 냉장고에 넣도록 해. 이때까지 천 번은 말하지 않았니?'라는 식으로요."

이어서 그녀는 "어떻게 제 습관을 고칠 수 있을까요?"라고 물었다. 나는 이에 대해 불평을 질문으로 바꿔 아이들이 그에 대해 대답하도록 하라고 조언했다. 예를 들어 "베란다에서 들어올 때 뭘 하라고 했지?", 혹은 "우유를 다 마시고 나면 어떻게 해야 하지?"라고 묻는 것이 해야 할 행동을 지시하는 것보다 더욱 좋은 결과를 낳는 것이다.

또 다른 워크숍 참가자인 대학생 리타는 기숙사의 룸메이트를 데려왔어야 했다고 아쉬워했다. "룸메이트는 제가 지저분하다고 불평이에요. 지난밤만 해도 저더러 우리 방을 치우는 법이 없다고, 늘 제 뒤를 따라다니면서 치워야 한다고 투덜거렸지요. 자기 혼자만 청소를 해야 한다고요."

나는 룸메이트의 말이 사실이냐고 물었다. "물론 아니에요. 그 친구가 청소기를 돌리는 대신 제가 매일 저녁 식사를 준비하고 설거지를 한다는 건 생각 안 하는 거죠."

이 경우를 보면 전부가 아니면 아무것도 아니라는 극단적인 표현이 왜 상대의 감정을 자극하는지 그 이유가 드러난다. 극단적인 비난이 부당한 결론을 이끌고, 심지어 과거를 온통 부정하게 만드는 것이다.

나는 룸메이트의 극단적인 표현을 질문으로 되돌려주라고 조언했다. 공격적이지 않은 말투로 그 표현을 반복해주면, 룸메이트는 자기가 했던 말을 돌이켜볼 기회를 갖게 될 것이다. 이를테면 "내가 한 번도 방 청소를 안 했다는 말이야? 설마 그런 뜻은 아니겠지"라고 말하는 것이다.

룸메이트는 잠시 생각한 후 그렇지는 않다는 점을 깨닫고 "하지만 지난밤에는 한 시간이나 나 혼자 방 청소를 했단 말이야"라고 대답할지 모른다.

아하, 바로 그것이 룸메이트가 흥분한 이유였던 것이다. 사실이 밝혀졌으므로 이제 리타는 감정적이 아니라 객관적으로 응답할 수 있다. 방을 어지럽히고 나가버린 것을 사과하고, 치워줘서 고맙다는 인사까지 하며 깔끔하게 해결할 수 있을 것이다.

> 현명함의 비결은 보지 말아야 할 것이
> 무엇인지 아는 데 있다.
>
> — 윌리엄 제임스(William James, 종교철학자)

그러나 리타의 룸메이트가 "그래, 넌 한 번도 방 청소를 한 적이 없어. 마지막으로 청소한 적이 대체 언제인지 기억도 안 나는걸"이라고 강하게 나온다면 어떻게 대처할까? 이때는 이를 반박하기보다는 한 걸음 옆으로 물러서는 편이 나을 수도 있다. 애써 설명하거나 주장하지 않고 무시하며 넘어가는 것이다. 상황에 따라서는 무시하고 넘어가는 편이 더 현명한 선택이 될 수도 있다.

'우리가 무엇을 무시하는지에 따라 우리 모습이 결정된다'라는 말이 있다. 리타는 '지저분하다'라는 친구의 비난을 무시하고, 구체적인 해결 방향을 모색하는 쪽으로 대화를 이끌 수 있을 것이다. 예컨대 "우리가 함께 쓰는 공간을 어떻게 더 깨끗하게 유지할 것인지 의논하고 싶은 거라면 기꺼이 같이 이야기할게"라고 말하는 것은 어떨까?

모든 것은
당신의 해석에 달려 있다

살아오면서 수많은 재난에 시달렸다.
그런데 그 대부분은 일어나지도 않은 재난이었다.
— 마크 트웨인

빌이라는 내 친구는 약혼녀가 극단적으로 말하는 습관이
있다는 고민을 털어놓았다.

"내 생각에는 '최악의', '끔찍한', '불가능한' 같은 단어도
상당히 극단적이거든. 내 약혼녀는 그런 단어를 자주 써. 이
를테면 '내가 먹어본 최악의 요리'라든지 '이 드레스 입은 내
모습이 끔찍하다'라든지 '당신한테 설명하기는 불가능하다'
라든지 '우리는 더 이상 아무 데도 가지 않는다' 하는 식이지.

그런 말 때문에 짜증이 더 커진다는 사실은 모르고 말이야."

빌의 생각은 옳다. 스트레스 연구자인 한스 셀리_{Hans Selye}에 따르면 사건 자체는 스트레스를 일으키지 않는다고 한다. 스트레스의 원인은 사건을 해석하는 방식이라는 것이다. 아래쪽에 나와 있는 그림은 이 관계를 시각적으로 나타내고 있다.

(돌부리에 채였다든지 얼음같이 차가운 물에 빠진다든지 하는) 물리적 사건은 직접적으로 감정을 유발한다. 무슨 일이 일어났는지 생각할 필요 따위는 없다. 이미 발끝이 아프고 온몸이 와들와들 떨려오기 때문이다.

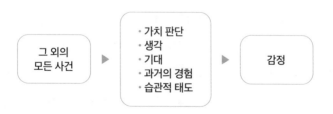

물리적 사건을 제외한 다른 모든 사건(예를 들어 갑자기 텔레비전이 고장 나서 안 나오는 상황)은 일단 마음속에서 처리

과정을 거친 후 가치 판단, 생각, 기대, 과거의 경험, 습관적 태도와 언어 등을 바탕으로 감정을 만들어낸다. 그리하여 당신은 분노할 수도 있고(악! 지금은 안 돼! 제일 좋아하는 프로그램이 시작하려는 참인데!), 위로를 받을 수도(차라리 잘됐다. 운동이나 하러 가야지), 총체적으로 낙담할 수도(대체 나는 왜 되는 일이 없지?) 있다.

> **본래부터 좋거나 나쁜 일은 없다.**
> **생각이 그렇게 만들 뿐이다.**
>
> — 셰익스피어(W. Shakespeare, 작가)

셰익스피어가 지적한 대로 상황 그 자체는 좋지도 나쁘지도 않다. 모든 것은 당신의 해석에 달려 있다. 바로 이 때문에 일어난 상황을 정확하게 판단할 필요가 있다. 상황을 과장한다면 감정도 과장되고, 결과 또한 과장되기 쉽다.

그러면 감정이 상황에 적합한지 어떻게 확인할 수 있을까? 사건이 일어난 후 머릿속에 떠오른 생각이 적절한지 알아보려면 '정말 그런가?'라는 질문을 던져보라. 산더미 같은 청구서들을 바라보며 '저걸 다 해결하려면 백 년은 걸리겠다'라고 생각했다고 하자. 그 순간 '정말 그런가?'라고 스스로에게 묻는 것이다. 냉정한 입장에서 말이다. 그러면 백 년이 아니라 석 달이면 해결 가능하다는 답이 나올지도 모른다. 그러면 사건을 전대미문의 재난으로 몰고 가지 않고 제대로 평가한 셈이다.

사건 ▶ 반응 ▶ 정말 그런가? ▶ 적합한 감정

빌은 나와 이야기를 나눈 다음 날 약혼녀와 데이트를 했다고 한다.

"자동차에 타기 무섭게 약혼녀는 또다시 불만을 늘어놓기 시작하더군. '제대로 되는 일이 하나도 없어.' 그래서 난 약혼녀를 바라보며 물었어. '정말 그래? 정말로 아무것도 제대로 안 되는 거야?'"

그의 질문에 약혼녀는 잠시 말없이 앉아 있더니 고개를 저으며 "그렇지는 않아. 제대로 되는 일들도 많아"라고 대답했다고 한다. 이때다 싶어 빌은 그녀에게 말했다. "이제까지 우리는 극단적인 말을 너무 많이 해왔어. 최악이니, 끔찍하니 이런 식으로 말하다 보면 정말로 주변 상황이 그렇게 되는 것 같아. 좀 달라지면 어떨까? 뭔가 끔찍하다고 생각되면 한번 되물어보는 거야. '정말 그런가?'라고 말이야. 함께 본 영화가 별로 마음에 안 들었다고 해서 그게 정말로 끔찍한 건 아니야. 내가 피자 주문할 때 깜빡 잊고 버섯을 추가하지 않았다고 해서 중대한 범죄를 저지른 것도 아냐. '재미있다'나 '불편하다' 같은 덜 격렬한 표현을 사용해보자." 또 내친김에 덧붙였다. "'지긋지긋하다'나 '죽어버리겠다' 같은 부정적인 말도 그만 쓰자. 그런 말 때문에 상황이 실제보다 더 나쁘게만 보이니 말이야."

자, 당신이 일상적으로 쓰는 언어에서 어떤 부정적, 폭력적 단어가 쓰이고 있는지 생각해보라. 그 단어가 가진 축적 효과로 인해 당신은 자기도 미처 모르는 사이에 냉소적으로 변해가고 있는지 모른다. 좀 더 밝고 긍정적인 표현을 찾아보라. 그리고 어두침침한 지하세계에서 벗어나 경이로운 세상을 발견하라.

극단적인 표현을 피하기 위한
행동 전략

당신은 아이들과 주말에 볼 영화를 고르는 중이다. 아이들이 폭력적인 영화를 고르기에 다른 것을 골라보라고 말했더니 엄마는 늘 자기들이 보고 싶은 걸 보지 못하게 한다고, 언제나 디즈니 영화나 보라고 한다는 대답이 돌아온다. 어떻게 말할 것인가?

 하지 말아야 할 **말과 행동**

아이들의 말을 부정한다

"그건 사실이 아니야. 지난주에도 너희가 고른 영화를 보았잖니."

아이들의 주장을 반박한다

"말도 안 돼. 몇 달 동안 디즈니 영화는 본 적이 없는걸."

아이들이 내린 극단적인 결론에 대해 화를 낸다

"내가 너희가 원하는 것에 관심이 없다고? 여기는 왜 온 것 같니?

내가 영화를 보고 싶었기 때문이 아니야."

 해야 할 **말과 행동**

극단적 표현을 반복해준다 "너희가 보고 싶은 영화를 늘 보지 못하게

했다고?"

전부가 아니면 아무것도 아니라는 비난을 질문으로 바꾼다

"내가 정말 언제나 디즈니 영화를 보라고 했니?"

극단적인 결론에 대한 해명을 포기하고 해결책에 초점을 맞춘다

"다른 재미있는 영화를 고를 수 있을 거야.

13세 등급 영화 중에서 마음에 드는 건 뭘까?"

"옳은 말은 강하다. 그런 말의 효과는
정신뿐 아니라 육체에까지 미친다."

― 마크 트웨인

3부

원하는 것을 더 많이 얻는
대화의 기술

지금이 괜찮은 시점인지
먼저 판단하라

**어떤 다리를 건너야 할지, 어떤 다리를 불태워 없애야 할지 아는 것이
인생에서 가장 어렵다.**

— 데이비드 러셀(David Russell, 영화감독)

공개적으로 문제를 제기할 시점이 언제인지 아는 방법은
무엇일까? 언제 참고, 언제 터뜨려야 하는 것일까? 정면 대
결할 것인가, 말 것인가……. 언제나 이것이 문제다.

상대가 날 대하는 방식이 마음에 들지 않는다고 그 순간
즉각적으로 항의하는 것은 현명한 행동이라 할 수 없다. 항
의하기에 앞서 내 행동이 불러올 수 있는 결과들을 먼저 찬
찬히 따져보는 것이 옳다.

얼마 전 대형 병원에서 간호사로 일하는 내 친구는 마흔 살에야 임신에 성공했다. 친구는 힘든 아홉 달을 보낸 후 석 달간 출산 휴가를 썼다. 병원에서는 친구의 자리를 비워두고 봉급도 전액 지급했다.

그런데 복직한 지 얼마 되지 않아 내 친구는 우연히 자기 연봉이 다른 부서의 동일 직급에 비해 적다는 것을 알게 되었다. 자기 경력이나 업무를 고려했을 때 말도 안 되는 차별이라고 생각한 친구는 당장 경영자를 찾아가 따지려 했다.

그때 나는 친구에게 "지금이 괜찮은 시점이니?"라고 물었다. 친구는 멈칫했다. 몇 달 동안 출산 휴가를 다녀온 직후의 상황이었다. 그런 상황에서 연봉에 불만을 제기한다면 쉽게 올리지 못할 가능성이 컸다.

결국 친구는 당장 나서는 대신 이후 몇 달 동안 훌륭한 업무 능력을 발휘해 자기 가치를 증명하기로 결심했다. 그리고 그 이후에 연봉 인상을 요구함으로써 주장이 받아들여질 가능성을 높이기로 했다.

전투를 선택하기 위한
행동 전략

이웃집 10대 남자아이는 힙합 광이다. 밤 11시에 잠자리에 누웠는데 힙합 음악 소리가 너무 시끄럽다. 전화를 걸어 "당장 음악을 꺼!"라고 말하고 싶다. 어떻게 하면 좋을까?

☹ 하지 말아야 할 **말과 행동**

득달같이 전화를 걸어 이웃에게 달려가 따진다

"지금이 몇 시인 줄 알아요? 당장 아들을 조용히 시키지 않으면
내가 직접 하겠어요!"

투덜거린다 "저런 쓰레기 음악을 들으면서 평화와 안정을 얻을 수 있는
사람이 하나라도 있겠어요?"

협박한다 "당장 끄지 않으면 경찰에 신고할 거예요!"

해야 할 말과 행동

전투를 선택할지 말지 고민한다 '이것은 사소한 일일까? 지속되는 일인가?

사소한 일일지는 모르지만 한 주에 사흘은 똑같은 일을 겪고 있잖아.'

정면 대결할 가치가 있는지 다시 평가한다

'의도적인가, 무의식적인가? 변화 가능한가? 정황은 어떠한가?

이야기하기 좋은 시점인가?'

말하기로 결심한다 "아들한테 음악 소리 좀 줄여달라고 전해주겠어요?"

최후통첩을 하기 전에
따져봐야 할 여섯 가지

신이여, 고칠 수 없는 일은 의연히 받아들이는 여유로움을, 고쳐야 하는 일은
기필코 고치는 용기를, 그리고 그 두 가지 일을 구별하는 지혜를 주소서.

— 라인홀트 니부어(Reinhold Niebuhr, 신학자)

생각하기도 싫은 사람이나 상황을 떠올려보라. 그리고
다음 여섯 가지 기준을 적용하여 과연 그 싫은 마음을 드러
내는 것이 현명할지, 아니면 위험할지 판단해보라.

1. 사소한 일인가?

판매 담당 직원이 당신을 '자기'라고 부르는 것이 마음에
들지 않는다고 하자. 우선 스스로에게 물어보라. '이것 때문

에 저 사람을 두 번 다시 보고 싶지 않은 정도인가?'

2. 지속적인 일인가?

물론 당신을 '자기'라고 부르는 소리를 하루에 스무 번 이상 들어야 한다면 문제의 심각성은 커진다. 이런 상황이라면 판매 담당 직원과 직접 이야기해볼 필요가 있다.

3. 이 일의 전후 상황은 어떻게 되는가?

고려해야 할 상황을 살핀다. 이를테면 당신은 출근한 지 겨우 1주밖에 안 되었지만 판매 담당 직원은 20년의 경력을 가졌을 수도 있다. 괜한 불평을 늘어놓아 당신의 첫인상을 망치게 되지는 않을까? 이미 충분한 신용을 쌓은 상태인가, 아니면 경솔한 사람으로 낙인찍힐 우려가 있는가? 남들도 불만을 가지는 일인가, 당신 혼자만 거슬린다고 느끼는가?

4. 그 행동은 의도적인가, 무의식적인가?

의도적으로 당신을 약 올리려는 행동인가, 아니면 애정과 관심의 표시인가?

5. 변화 가능성이 있는가?

판매 담당 직원이 자기 행동을 고칠 수 있을까? 늘 동료 여직원들을 '자기'라고 불러온 그 사람이 당신한테만 다른 호칭을 사용하는 일이 쉬울까? "난 늘 그래왔다고. 그러니 설사 마음에 들지 않는다 해도 그냥 받아들여!"라는 반응이 나올 수도 있다.

'돼지에게 노래를 가르치려 들지 말라. 당신은 시간을 낭비할 테고 돼지도 괴로움을 겪을 테니까'라는 낙서를 본 적이 있다. '자기'라는 말을 쓰지 못하게 하려는 노력이 결국 돼지에게 노래를 가르치려는 꼴은 아닐까?

6. 단기적 승리가 장기적 손실을 불러오지는 않을까?

'정면 대결을 시도한다면 어떤 일이 벌어질까? 이길까, 아니면 지게 될까? 더 큰 목표를 위해 사소한 문제는 무시하고 가는 편이 좋지 않을까?'라는 질문을 던져보라. 일찍이 조지 패튼 장군은 '위험부담을 계산해 감안하라. 무작정 돌격해서는 안 된다'라고 하였다. 이 다리를 건너가는 대가로 직장 동료와의 관계가 껄끄러워질 수도 있다. 혹시 이는 원치 않는 비용이 아닌가?

> 양발을 다 넣고 물 깊이를 재는 것은 바보뿐이다.
> ─ 아프리카 속담

여섯 가지 기준을 근거로 당신은 지금 입을 열어야 할지,

아니면 잠자코 있어야 할지 결정할 수 있다. 기준을 하나하나 살피며 물 깊이를 재다 보면 극히 사소한 일이라는 결론이 나올 수도 있다. 혹은 더 이상 부당한 대우를 견디면 안 되고, 남들에게도 이 사실을 알려야 한다는 판단이 나올 수도 있다. 요점은 어느 쪽이든 충분한 고민을 거친 후 행동에 옮겨야 한다는 것이다.

　내 친구 한 명은 이 전투 기준을 활용해 몇 년 동안이나 거슬렸던 문제를 해결하는 방법을 찾았다고 한다. 로버트라는 이름의 친구는 약칭인 '봅'이나 '롭'으로 불리면 늘 속이 상했다고 한다. 이제는 그렇게 불릴 때 그 사람을 다시 만날 것인지까지 생각한다고 한다. 그리하여 그는 이제 다시 볼 사람이 아니라면 그냥 무시한다. 반면 계속 보아야 할 사람이라면 "절 로버트라고 불러주시면 좋겠습니다"라고 분명히 이야기한다.

> 모두가 세상의 변화를 꿈꾼다.
> 하지만 자신의 변화를 생각하는 이는 아무도 없다.
> — 레프 톨스토이(Lev N. Tolstoy, 소설가)

　당신을 불편하게, 불행하게 만드는 상황을 생각해보라. 그 상황에 대해 당신이 할 수 있는 일은 다음 세 가지이다.

1. 남을 변화시키는 것

이렇게 할 수 있는 가능성은 극히 희박하다.

2. 상황을 변화시키는 것

극단적인 행동(사표 내기, 이혼, 자퇴 등)을 하기 전에 먼저 "이것이 내가 원하던 변화인가?"라고 스스로에게 물어보라. 아니라는 답이 나온다면 그 행동은 순간적인 충동에 불과하다. 그 상황에서 서둘러 빠져나오는 행동은 결국 또 다른 고통으로 이어질 가능성이 높다.

사회개혁 운동가인 도로시아 딕스Dorothea Dix는 '이혼을 만병통치로 여기는 사람이 너무 많다. 하지만 막상 이혼해보면 약이 병보다 더 끔찍하다는 걸 알게 된다'라고 하였다. 바꿔 말하면 옆집 잔디는 늘 우리 집보다 푸르러 보인다는 것이다.

3. 자신을 변화시키는 것

언제나 가능한, 또한 효과도 좋은 방법이다. 자신을 변화시키는(더 단호한 모습으로든, 긍정적인 면에 더 초점을 맞추는 방향으로든) 과정을 통해 남이 당신을 대하는 방식까지도 바꾸게 되는 경우가 많다. 결국 상황도 호전된다. 자신을 바꾸면서 주변 세상까지도 바꾸게 되는 것이다.

작가 마르셀 프루스트marcel Proust는 '새로운 풍경을 찾는 대신 보는 눈을 새롭게 하라'고 권했다. 행동의 결과를 감당하기 어렵다면 새로운 눈을 가져야 할 시간일지도 모른다. 다시 말해 지금 그대로의 풍경을 새로운 눈으로 바라봄으로써 괴로운 상황에서 벗어나는 것이다.

당신과 상대의 권리를
동시에 지키는 법

성공의 공식을 드릴 수는 없습니다. 다만 실패의 공식은 압니다.
모든 사람을 기쁘게 하려 들면 실패하고 맙니다.

— 무명씨

일자리나 우정이 위협받을까 봐 걱정하지 않으면서 "아니야"라고 말하는 방법을 알고 싶은가? 텅후의 핵심은 당신 자신의 권리와 상대방의 권리를 동시에 지키는 것이다. 실제로 이는 커다란 도전이다.

스스로에게 물어보라. 당신은 언제 남들을 먼저 배려하고 언제 자신을 먼저 생각하는가?

늘 지레 포기하고 "그래"라고 말하는 유형이라면 당신의 인간관계는 건강하지 못하다. 마찬가지로 자기 기분만 생각하는 유형의 사람도 인간관계가 건강하지 못하다. 성공적인 관계를 맺고 유지하는 비결은 균형을 맞추는 데 있다. 지금부터는 언제 남들의 요구에 "그래"라고 답해야 하고, 언제 "아니야"라고 해야 할지 구체적인 가이드라인을 살펴보자.

만약 당신이 지금 갈팡질팡 어려운 선택의 기로에 있다면 구식 저울을 떠올려보라. 서로 다른 길을 저울에 각각 올려놓는다고 상상하라.

이제 당신은 어느 쪽이 상대를 배려하는 것이고, 어느 쪽이 그렇지 않은지 객관적으로 바라볼 준비가 되었다. 저울이 당신에게 유리한 쪽으로 기울었다면 상대가 원하는 것을 주어야 할 시간이다. 반면 늘 당신 자신의 요구를 양보했다면 "아니야"라고 말하는 것은 이기적이라기보다 현명한 행동이다.

> 이기심은 자기 삶을 원하는 대로 사는 것이 아니다.
> 남들에게 자기가 원하는 대로 살아달라고
> 요구하는 것이다.
> — 오스카 와일드(Oscar Wilde, 소설가)

누군가 우는소리로 당신에게 일을 부탁한다고 하자. 맡아주거나 거절하거나 방법은 두 가지다. 저울의 균형을 확인해보라. 지금까지 당신 자신보다는 남들의 이익을 위해 살아 왔다면 "아니야" 혹은 "안 돼"라고 말해야 한다. 반면에 최근 상대의 부탁을 거절한 적이 있다면 아마도 "그래"라고 말해야 할 시점일 것이다.

워크숍에 참석했던 글렌이라는 남자는 이런 식의 접근에 이론적으로는 동의하지만 실천하기는 어렵다고 지적했다.

"전 절대 싫다는 말을 못 하는 드라마 주인공 같아요. 일이란 본래 가장 바쁜 사람에게 맡겨야 한다고, 그래야 그 일이 제대로 끝난다는 말을 들어보셨지요? 그 바쁜 사람이 바로 저랍니다. 매일 저녁마다 회의가 있어요. 관여하는 단체도 많고요. 정신을 차릴 수 없을 정도지요. 일을 좀 정리하고 싶은 생각이 굴뚝같다가도 누군가 간곡히 부탁하면 무너지고 말아요."

글렌	다른 사람들
☑ 가족	☑ 로터리 클럽
☑ 건강	☑ 동창회
☑ 친구	☑ 교회 모임
☑ 취미	☑ 학부모회 회장
	☑ 4H 운동 자문 위원
	☑ 주민 위원회
	☑ 자선 단체

우리는 그 상황을 다 함께 논의하기로 했다. 글렌이 어떤 역할을 맡고 있는지 묻고 저울 그림 위에 배치해보았다. 실제로 그는 많은 단체에서 활동하고 있었다. 그 밖에도 그 자신이 원하는 일을 할 시간이 있는지, 건강은 괜찮은지, 친구나 가족 관계는 어떠한지, 취미는 있는지, 원하는 방식으로 시간을 보내는지, 아니면 자기 통제력을 벗어난 삶을 허덕이며 뒤쫓아가고 있는지 등의 질문들도 이어졌다.

결국 글렌은 저울의 균형이 맞지 않는다는 것을 인정했다. 개인적 활동에 비해 사회 활동이 너무 많았던 것이다. 그는 "마음속으로 혼자 상황을 정리하려 했을 때에는 혼란만 느꼈습니다. 하나하나 써 내려가다 보니 분명해지는군요. 앞으로는 이 저울을 이용해 남들의 압력에 굴복하지 않고 결정을 내린 후 거기에 책임을 져야겠습니다"라고 말했다.

관계를 망치지 않고
부탁을 거절하는 기술

겸손한 사람이 되기 위해서 남의 발밑에 깔릴 필요는 없다.
— 마야 안젤루(Maya Angelou, 시인)

앞서 예로 든 글렌의 이야기를 계속해보자. 그는 바야흐로 새로운 과제에 봉착했다. "이제는 어떻게 동료들을 실망시키지 않고 일을 줄여나갈지가 걱정이네요." 정말 그렇다. 개인적, 직업적 관계를 망치지 않고 부탁을 거절하는 기술이 필요하다. 다음 네 단계를 참고해보자.

1. "잠깐 생각할 시간이 좀 필요해"라고 말하기

얼떨결에 떠맡은 일 때문에 나중에 크게 후회한 경험이 있다면, 앞으로는 덥석 책임을 맡지 않겠다고 결심하라. 당장 대답을 요구하면 거절하기 어렵다는 것은 상식이다. 상대의 밀어붙이기 술수에 말려들지 말라. 혼자서 조용히 상황을 판단할 여유를 가져야 한다.

물론 그렇다고 무조건 거절하라는 것은 아니다. 다만 하루아침에 단호한 태도가 만들어지지는 않기 때문에 이런 단계는 꼭 필요하다. 즉각적이고 자동적으로 승낙하는 대신 한 번 더 생각할 기회를 얻는 것이다.

2. "아니야"와 "그래"를 동시에 말하기

부탁받은 것은 거절하되 대안을 제시하는 방법이다. 글렌이 동호회 총무 일을 제안받았다고 하자. 그러면 총무 일은 거절하되 다른 일을 맡겠다고 할 수 있다. 예를 들어 집에서 여가 시간에 할 수 있는 월간 소식지 편집 일을 맡는 것이 그렇다.

3. "아니야"라고 말하고 다른 방법으로 문제를 해결하기

당신은 일을 맡을 상황이 안 되지만 역할을 맡아 잘 해낼 다른 사람을 추천하면 어떨까? 당신의 경험을 전해주며 그 사람을 도울 수도 있다.

4. 죄의식 없이 단호하게 "아니야"라고 말하기

늘 "그래"라고 말해왔다면, 그래서 늘 후회해왔다면 거리낄 것 없이 "아니야"라고 말할 권리가 있다. "날 그렇게 인정해줘서 고마워. 아쉽지만 저녁 시간과 주말은 가족을 위해 쓰기로 약속해서 말이야"라고 용기를 내어 말해보라.

그래도 상대가 막무가내로 고집을 부린다면 2부에서 소개한 '해야 할 말'을 사용해 건설적인 대화를 시도하라. "우리 모임을 위해 봉사할 사람이 필요하다는 걸 잘 알아. 그리고 내 가족을 위한 봉사 역시 그만큼 소중해"라는 식으로 상대의 상황을 이해해주면서 당신의 의사를 전달하는 것이다. 이에 비해 "미안해. 하지만 도저히 불가능해. 지난 몇 년 동안 내가 얼마나 힘들었는지 너도 이해해야만 해"라는 식의 말은 상대의 원망을 사고 만다.

> 인간관계에는 크게 세 가지 접근법이 있다.
> 첫 번째는 자기 자신의 이익과
> 입장만 생각해 그것을 앞세우는 것이다.
> 두 번째는 늘 남을 자기보다 앞세우는 것이다.
> 세 번째는 자신을 처음에 두고 남들 또한
> 고려하는 것으로, 이것이 가장 이상적이다.
>
> — 조셉 월피(Joseph Wolpe, 행동치료 전문가)

친절한 사람이 꼭 만만한 사람이 되어야 하는 것은 아니다. 앤과 재키는 옆집에 살면서 친하게 지내는 주부들이었다. 그들은 자녀들을 태워가고 오는 일이며 쇼핑이며 여러 일을 나눠 하곤 했다. 그런데 어느 날 재키가 빵집에 취직을 했다. 오전 9시부터 오후 2시까지 일하는 조건이었으므로, 자녀들이 하교해 집에 돌아올 때는 아무 문제 없이 집에서 아이들을 맞을 수 있다고 생각했던 것이다.

하지만 막상 일을 시작하자 예상과 달랐다. 첫 주에 이미 재키는 앤에게 전화를 걸어 빵집 일이 늦게 끝나게 되었다면서 세 아이를 좀 봐달라고 부탁했다. 앤은 기꺼이 도와주었다.

다음 주에도, 그 다음 주에도 재키는 제시간에 집에 돌아오지 못했고, 앤은 거의 매일 오후 시간을 다섯 아이들과 씨름하며 보내야 했다. 슬슬 부아가 치밀었다. 재키가 자기의 호의를 이용해 공짜로 부려먹는다는 느낌이 들었던 것이다.

앤은 내게 고민을 털어놓았다. 더 이상 남의 애를 떠맡고 싶지 않지만, 그렇다고 오랜 친구를 잃어버리고 싶지도 않다고 했다. 나는 두 사람의 관계가 얼마나 불균형한 상태인지 저울질해보라고 했다. 재키의 요구를 충족시키기 위해 앤 자신이나 앤 아이들의 요구는 밀려나버린 상태였기 때문이다.

앤은 마침내 자신을 가장 중요한 존재로 여기기로 했다. 그러면서 재키의 상황도 해결했다. 이웃의 10대 여자아이에게 베이비시터 일자리에 관심이 있는지 물어본 것이다. 여자아이는 용돈을 벌 수 있다는 생각에 반색했다.

이어 앤은 재키와 마주 앉아 지금까지는 기꺼이 도와주었지만, 앞으로는 자기 볼일을 보고 자기 아이들에게 최선을 다할 시간이 필요하다고 설명했다. 그리고 아이들을 돌봐줄 수 있다는 여자아이를 소개해주었다. 여자아이가 가까운 곳에 살고 재키와도 잘 아는 사이이므로 베이비시터 비용을 깎아주겠다고 한 이야기도 전했다.

당신에게
가장 중요한 것을 따르라

당신의 시간, 돈, 에너지, 도움을 요청하는 부탁에 대해 "No"라고 말할 때마다
다른 무언가에는 "Yes"라고 대답하는 셈이다.
— 매기 베드로시언(Maggie Bedrosian, 작가 겸 컨설턴트)

이야기가 이쯤에 이르면 "부탁을 거절했을 때 상대가 화를 내면 어떡하죠?"라는 질문이 꼭 나온다. 《인생은 해야 할 일의 목록을 넘어선다》라는 책을 쓴 매기 베드로시언은 어떤 상황이든 'No' 뒤에는 'Yes'가 있으며, 이 점을 기억한다면 마음이 편해질 것이라 설명한 바 있다. 한 가지 일을 거절하면 당신은 또 다른 일을 할 수 있게 되기 때문이다.

모든 사람에게 모든 것을 다 해주려다가 결국 제일 중요

한 사람에게 아무것도 해주지 못한 적이 한 번쯤 있을 것이다. 당신에게 가장 중요한 것은 무엇인가? 시간과 에너지는 한정된 자원이다. 그 소중한 자원을 사소한 곳에 헛되이 쓰지 말자. 우선순위가 분명해지면 거기에 쓸 시간을 빼앗는 일에 대해서는 "미안해"라고 거절할 수 있어야 한다.

한 여성은 오랫동안 자기를 괴롭혔던 어머니에게 '아니'라고 말할 수 있게 되었다면서 내게 감사 인사를 전해왔다.

"우리 어머니는 죄의식을 느끼게 하는 데 천재적이에요. 매일 전화해 무언가를 요구하지요. 전 차마 거절할 용기가 없어 늘 녹초가 된답니다. 지난주에는 쇼핑센터에 태워다 달라고 하시더군요. 전 마침 시간이 없었고, 토요일에 딸들과 쇼핑센터에 갈 예정이니 그때 함께 가자고 했어요. 어머니는 늘 그랬듯 신세 한탄을 시작했지요. 하지만 그때 저는 저울을 떠올렸고, 몇 년 동안이나 어머니의 요구에만 맞춰왔다는 걸 생각했어요. 어머니를 사랑하지만 그 상황에서는 거절해야 한다고 판단했지요. 전 왜 시간이 없는지 설명했고, 주말에 함께 가시든지 아니면 택시를 부르라고 했어요. 어머니는 계속 투덜거렸지만 전 더 이상 죄책감을 느끼지 않았어요. 그건 저울의 균형을 맞추는 행동이었으니까요."

> 중시하는 것이 없다면 하잘것없는 데
> 넘어가고 만다.
>
> — 무명씨

당신이 중시하는 것은 무엇인가? 1세기의 유대교 지도자 힐렐Hillel은 '내가 내 편을 들지 않으면 누가 내 편을 들겠는가? 그런데 내가 내 편만 든다면 나는 무엇인가? 지금이 아니라면 언제인가?'라는 질문을 던졌다. 시대를 뛰어넘는 이 명언은 나와 남을 함께 배려하는 것의 중요성을 잘 드러낸다. 언제 어떻게 "아니"라고 말해야 할지 배우지 못한다면 결국은 자기 자신을 잃어버리고 마는 뼈아픈 대가를 치를 것이다.

《조이 럭 클럽》이라는 베스트셀러를 쓴 작가 에이미 탄Amy Tan은 '단번에 나 자신을 잃어버리지는 않았다. 몇 년 동안에 걸쳐 서서히 내 얼굴이 깎여 내려간 것이다'라는 표현을 썼다. 공정한 균형을 맞추는 것, 이를 중시하는 사람은 "그래"라는 답이 강요되는 상황에서도 쓰러지지 않을 수 있다.

당당하게 "No"라고 말하기 위한
행동 전략

당신이 다니는 회사는 지역 자선 단체의 가장 중요한 기부자다. 회사 측은 올해 100% 참여를 목표로 잡고 직원들을 다그치고 있다. 기부의 중요성에는 십분 공감하지만 당신은 이미 다른 자선 단체에 많은 액수를 기부한 상태이다. 회사의 압력에 어떻게 대처해야 좋을까?

 하지 말아야 할 **말과 행동**

상사의 호소에 마음이 약해진다 '어떻게 싫다고 하겠어?
우리 부서에서 나 혼자 안 낼 수는 없는 일이잖아.'

모두의 비난을 받을지 모른다는 생각에 두렵다
'동료들이 뭐라고 할까? 인색한 놈이라고들 수군거리겠지.'

상사가 내 상황을 인정하지 않는다고 생각한다 '기부를 하지 않으면
난 나쁜 사람이 되겠지. 그냥 포기하고 돈을 내야겠다.'

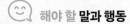 **해야 할 말과 행동**

상충되는 입장을 저울질하며 균형을 살핀다

'기부는 중요한 일이야. 하지만 난 어디에 돈을 기부할지
결정할 권리를 가져야 해.'

공손하게 거부 의사를 밝힌다 "캠페인이 성공하기를 바랍니다.
저는 이미 다른 자선 단체에 기부를 했습니다."

스스로 마음의 짐을 느낄 필요가 없다는 점을 상기시킨다

'기부가 중요하다는 데는 동의해.
그래서 일찌감치 다른 곳에 기부를 했을 뿐이야.'

요령 있게
말을 끊는 기술

어떻게 빠져나가야 할지 모른 채 계속 대화에 끌려가는 것은 큰 불행이다.

— 새뮤얼 존슨(Samuel Johnson, 작가)

　도무지 말을 그칠 줄 모르는 사람을 만났을 때 어떻게 하면 좋을까?

　이 문제는 텅후 워크숍이 열릴 때마다 늘 제기되곤 한다. 무례하게 굴지 않으면서 대화에서 빠져나오는 방법이 무엇이냐는 것이다. 고민 상담 칼럼니스트로 유명한 애비게일 반 뷰렌Abigail Van Buren도 몇 년 전에 이 문제를 다룬 바 있다.

　그때 그의 칼럼의 한 독자는 친한 친구가 한 주에 네 번 이상 전화를 걸어 몇 시간이고 자기 이야기를 늘어놓는다며 도움을 구했다. "이제 가봐야 해"라고 직접적으로 말을 해도 친구는 아랑곳없이 말을 계속한다는 것이다. 독자는 친구에게 상처를 주고 싶지 않지만 이제 전화벨이 울리기만 해도 겁이 날 지경이라고 했다.

애비게일은 친구에게 "미안해. 지금은 이야기할 수 없는 상황이야. 좀 이따 전화할게"라고 말한 뒤 통화를 끝내라고 조언했다. 그 나중이 내일일지, 다음 주일지, 다음 달일지는 모르지만 말이다. 또, 자동 응답기를 설치해 전화를 가려 받을 수 있도록 하라면서 심약한 독자에게 '먼저 드러눕지 않는다면 누구도 날 밟고 지나갈 수 없다'는 점을 명심하라고 썼다.

애비게일의 조언은 이 곤란한 문제를 해결하는 한 가지 방법이다. 여기서 나는 의도적으로 '문제'라는 단어를 사용하겠다. 상대가 자기 이야기에 관심이 있는지 생각해보지도 않고 떠들어대는 사람은 정말로 문제가 있기 때문이다.

> 지루함을 참는 사람은 지루한 사람보다
> 한층 더 형편없다.
> — 새뮤얼 버틀러(Samuel Butler, 사상가)

수다쟁이의 입을 막는 방법은 여러 가지다. 그중에서도

일방적인 수다를 요령 있게 끊는 방법 몇 가지를 소개한다. 이러한 방법을 통해 계속해서 자기 얘기만 해야 직성이 풀리는 사람들의 '밥'이 되는 고역에서 해방되는 것이다.

1. 양쪽의 요구가 균형을 이루었는지 확인하기

앞서 애비게일이 상담한 사례를 보면 양쪽의 요구가 아주 오랫동안 불균형 상태였음을 알 수 있다. 이제는 균형을 잡아야 할 시점이다.

2. 말을 가로막고 상대의 이름을 부르기

상대가 알아서 말을 끝내기를 기다리며 괴로워하지 말라. 그런 일은 영원히 일어나지 않을지도 모른다. 과감하게 말을 끊고 이름을 불러라. 그러면 상대가 잠시 멈칫할 것이다. 바로 그 순간이 당신이 잡아야 할 기회다. 말을 가로막는 것이 예의에 어긋난다고? 물론 그렇다. 하지만 이 상황에서 누가 더 무례한가? 당신인가, 일방적으로 자기 말을 이어가는 상대방인가?

3. 지금까지 나온 이야기를 요약하기

지금까지의 내용을 당신의 말로 바꾸어 정리하는 것은 잘 듣고 있었다는 점을 상대에게 확인시키는 동시에, 대화를 끝내자는 신호가 될 수 있다.

4. 대화를 과거 일로 만들기

자꾸 늘어지는 업무상의 대화를 끝내는 좋은 방법은 "전화를 끊자마자 ……를 하겠습니다", 혹은 "우리 얘기가 끝나자마자 지시해두겠습니다"와 같은 말들이다. 개인적 대화에서도 "더 이야기를 나누면 좋겠지만 이제 저녁 준비를 해야 해"라든가 "네 아들 피아노 대회 이야기까지 들으면 좋겠지만 벌써 돌아갈 시간이 되었네" 등으로 표현할 수 있다.

5. 단호한 어조로 다정하게 마무리하기

"재미있는 이야기 잘 들었어요"라든지 "다음에 계속 들을 수 있다면 좋겠습니다", 혹은 "잘 지내고 있다니 나도 기쁘다"라는 다정한 인사말로 마무리하라. 단, 어조는 단호해야 한다. 상대에게 동의를 구하듯 끝을 올리게 되면 주도권은 다시 상대에게 돌아가고 만다.

> 세상의 절반은 할 말이 있지만 하지 못하는 사람,
> 나머지 절반은 할 말이 없지만 계속 말하는 사람이다.
> ― 로버트 프로스트(Robert Frost, 시인)

워크숍에 참가한 대학생 상담 전문가가 손을 들더니 앞서 소개한 다섯 가지 말 끊는 방법이 자신에게 정말 유용할 것 같다고 말했다. 나는 미소를 지으며 이유를 물었다.

"우리 대학에 들어온 학생들은 대부분 난생처음 집을 떠나온 터라 극심한 혼란과 고독을 느낍니다. 전 도와주려는 마음에 집 전화번호를 주곤 하지요. 그러니 어떻게 되었겠어요? 밤마다 두세 시간씩 전화통에 매달려 있답니다. 간단하게 통화를 끝내자니 너무 매정하게 보일까 걱정이 되거든요. 전 저대로 쉬지 못해 지치고, 남편까지도 화를 내기 시작했어요. 학생들의 요구만 생각했지 저나 남편의 요구는 무시했던 거죠. 이제부터는 위급 상황에 한해 전화를 해달라고 부탁하고, 10~15분 동안 통화한 뒤 요령 있게 끝내야겠어요. 예를 들면 이렇게 말할 수 있겠지요. '지도 교수님이 마음에 들지 않는다니 큰일이군요. 전화를 끊고 바로 다른 교수님들의 상황을 확인해보지요. 내일 아침에 만나서 구체적으로 의논해보면 어떨까요? 그럼 내일 봅시다.'"

마음 상하지 않게
대화를 거절하는 법

당신이 말을 타고 있는가, 아니면 말이 당신을 타고 있는가?
— 텅후 명언

처음부터 상대가 말을 시작하지 않도록 막아야 할 경우
도 있다. 워크숍에서 어느 호텔 직원이 이런 질문을 던졌다.
"동료 직원이나 호텔 손님들은 대체로 잡담을 걸어오면서
제가 하던 일을 당장 중단하기를 바라지요. 사교적이지 못한
사람으로 여겨지고 싶지 않지만 사실 전 잡담으로 시간을 보
낼 수 있는 입장이 아니에요. 할 일이 많으니까요. 이런 상황
을 어떻게 해결하면 좋을까요?"

적절한 사교성을 갖추는 것의 핵심은 말이 당신 위에 올라타는 것이 아니라, 당신이 말 위에 올라타는 데 있다. 직장 생활을 할 때는 특히 더 중요한 일, 먼저 해야 할 일에 시간을 배분하는 능력이 매우 중요하다. 다음 몇 가지 방법이 도움이 될 것이다.

- 누군가 불쑥 질문을 던지거나 말을 걸어올 때 즉각 그 목적을 파악하라. 그리고 "이것이 내가 지금 하는 일보다 더 중요한가?"라는 질문을 던져라. 그렇다는 답이 나온다면 곧바로 상대의 말에 주의를 기울여라.

- 그렇지 않다면 나중에 이야기하자고 말하는 용기를 발휘하라. 상대에게 기꺼이 시간을 내주는 사람이라는 이미지는 중요하다. 하지만 그것이 어떤 희생이든 감내하고 얻어내야 할 이미지는 아니다. 당신이 늘 자신보다는 남들의 요구를 우선시했다면 업무 성과는 어쩌면 미흡할지도 모른다. 누구, 혹은 무엇에 언제, 얼마나 오랫동안 시간과 에너지를 투여할 것인지는 전적으로 당신이 내려야 할 결정 사항이다. 상대의 요구를 충족시키지 못하는 상황이라면 긍정적이고 외교적인 표현을 동원해 상대가 기분 상하지 않도록 배려하라.

- 상대의 이름을 부른 후 당신도 시간을 할애하고 싶다고 말하라. 이름을 부르는 것은 확실히 주의를 환기하는 효과가 있다. 그 다음에는 "지금은 이야기를 나눌 수 없네요"라거나 "좀 기다리셔야겠는데요"라고 면박을 주는 대신, "저도 그 점을 의논해야 한다고 생각해요"라거나 "함께 해결해야 할 일인 것은 맞습니다"라고 말해 상대가 이야기하는 상황의 중요성을 일단 인정하라.

- 하던 일, 혹은 먼저 해야 하는 일에 대해 설명하라. 그렇다고 '하지만'이라는 단어를 사용해서는 안 된다. "무어 부인에게 지금 전화하기로 했거든요", 혹은 "오전 9시 직원 회의 때까지 이 자료 준비를 끝내야 하는 상황이네요"라고 먼저 해야 하는 일에 대해 설명하라.

- "오늘 오후에 다시 와줄 수 있나요?"라고 물어보라. 아니면 "제가 이 일을 끝내자마자 전화를 드리면 어떨까요?"도 좋다. 협조를 요청하는 부탁의 말은 당연히 명령("바쁘지 않을 때 다시 와주세요"), 혹은 하소연("제가 너무 정신이 없어서 지금은 안 되겠네요")보다 훨씬 설득력을 발휘한다. 마지막으로 "이해해주셔서 감사합니다"라는 정중한 인사말로 마무리 지으면 된다.

워크숍 참가자들은 요령 있게, 또 외교적으로 상대의 말을 끊는 방법이 실생활에 큰 도움이 되었다고 평가했다. 한 직장인의 말을 들어보자.

"전에는 일찍 출근해 늦게 퇴근하는 일이 많았어요. 업무 시간 동안 제대로 일을 끝내지 못했기 때문이지요. 이제는 내 시간과 에너지를 가장 잘 사용하려고 노력합니다. 처음에는 그런 제 모습이 야박하게 보이지 않을까 걱정했는데……. 웬걸요, 동료들은 우선순위의 일부터 처리하는 제 모습이 보기 좋다면서 한 수 가르쳐달라고까지 하더군요."

요령 있게 대화를 끊기 위한
행동 전략

쇼핑센터에 갔다가 전에 같은 직장에서 일했던 동료를 만났다. 몹시 반갑지만 이야기할 시간이 많지 않다. 상대는 숨도 쉬지 않고 자기가 그간 어떻게 지냈는지 열심히 설명하기 시작한다. 어떻게 할 것인가?

 하지 말아야 할 **말과 행동**

쇼핑할 시간이 없어지는 것에 대해 속으로만 짜증을 낸다

"정말 오랜만이야. 그동안 어떻게 지냈는지 얘기해봐."

마지못해 커피를 한 잔 마시기로 한다

"커피 마시자고? 좋아. 근처에 커피숍이 있나?"

시계를 보니 이미 떠나야 할 시간이다. 나중에 다시 쇼핑센터에 들러야 할 판이다

'아이, 속상해. 다시 와야겠군.'

양쪽의 요구를 저울질하며 균형을 맞춘다

"정말 반갑다. 혹시 다음 주에 만나 얘기를 나눌 수 있을까? 그동안 어떻게 지냈는지 정말 듣고 싶어."

우선순위가 정해졌으므로 커피 마시자는 제안을 부드럽게 거절한다

"나도 그러면 좋겠는데 한 시간 안에 아들 선물을 사가야 해."

상대가 기분 나쁘지 않도록 대화를 끝낸다

"다시 만나게 되어 기쁘다. 그럼 다음 주를 고대할게."

생산적인
회의 진행의 기술

평화를 원한다면 상대를 자극하는 말부터 멈춰야 한다.

— 나폴레옹 보나파르트(Napoleon Bonaparte, 군인)

세상에는 매일 셀 수 없을 만큼 많은 건의 회의가 진행된다. 회의의 횟수 자체는 놀라울 것이 없다. 다만 참석자들이 자신이 회의로 보내는 시간의 절반 정도는 낭비라고 생각한다는 점이 중요하다. 통제 불가능 상태에 이른 회의는 때때로 적대감을 키우고, 화합보다는 분열을 일으키고 만다. 성공적인 회의를 위한 몇 가지 규칙을 알아보자. 이러한 규칙을 통해 회의가 거센 말싸움으로 바뀔 위험을 방지할 수 있다.

누군가 말을 가로막거나 몇몇 사람이 수군거린다면 다음과 같은 방법을 동원하라.

- 본래 말하던 사람에게 손을 들어 신호를 보낸 후, 단호한 목소리로 "죄송합니다. 모두가 주의를 집중할 때까지 잠시 기다리도록 하겠습니다"라고 말한다. 말을 마치면서 억양이 내려가도록 해야 한다. 억양이 올라가면서 끝난다면 의지가 약해 보이고, 방해꾼들이 협력할 가능성도 낮아진다.

- 방해꾼 쪽을 바라보지 않는다. 진행자가 그쪽을 보면 다른 모든 이가 그쪽을 본다. 그러면 방해꾼은 모욕을 당했다는 생각에 분노할 것이다.

- 방해꾼이 말을 계속한다면 연사를 바라보면서 좀 더 크고 강한 목소리로 앞서 한 말을 반복한다.

- 모두가 조용해진 다음에 연사에게 다시 신호를 보내며 "기다려주셔서 감사합니다. 하시던 말씀을 계속하십시오. ……에 대해 말씀하시던 중이었습니다"라고 말한다.

몇 년 동안 회의 진행자 역할을 하면서 내가 깨달은 것은 회의 초반에 이 규칙을 꾸준히 밀고 나가면 자연스럽게 분위기가 잡힌다는 점이다. 연사의 말을 귀 기울여 듣도록 하면 참석자들은 서로에게 주의를 집중하기 시작한다. 그리고 생각나는 대로 말을 내뱉는 대신 예의를 갖춰 행동하게 된다.

2. 한 안건에 대해서는 한 사람이 한 번씩만 말하도록 하기

이 규칙은 목소리 큰 사람이 토론을 주도하여 수줍은 참석자가 뒤로 숨어버리는 상황을 막아준다. 이 규칙을 어떻게 시행하면 좋을까? 예를 들어 매리라는 사람이 두 번째로 말하기 시작하면 손을 들어 "매리, 당신의 의견도 궁금하지만 먼저 나머지 분들의 생각부터 알아봅시다"라고 제지하라.

이때 2부에서 소개한 '하지 말아야 할 말, 해야 할 말'을 기억하라. 목표는 상대를 당황하게 만드는 것이 아니다. 그래서 "매리, 다른 사람이 모두 말할 때까지 기다려야 해요"라거나 "이 안건에 관심이 많다는 건 알겠지만 다른 사람들 생각도 들어봐야지요"라고 창피를 주는 대신, "매리, 다른 사람들이 자기 생각을 말하고 나면 곧 발언 기회를 드리겠어요"라고 정중하게 말하는 것이다. 만일 모두가 말을 하고 난 후라면 두 번째 기회를 줄 수 있다.

3. 발언 시간을 제한하기

얼핏 보기에는 불필요한 규칙으로 느껴질지 모르지만 시간 제한은 아주 중요하다. 우리 어머니는 "언제든 할 수 있는 일은 결국 마무리되지 못하는 법이지"라는 말씀을 자주 하시곤 했다. 시간 제한이 없다면 사람들은 간명하게 말할 이유가 없다. 했던 말을 반복하고 더듬거리면서 결국 청중이 다른 생각을 하게끔 만들어버리기 일쑤다.

글쓰기를 다룬 고전들을 보면 하나같이 간결한 글이 강한 글이라고 한다. 말하기에서도 마찬가지다. 예를 들어 2분의 시간 제한을 두었다고 하자. 그러면 지루하게 공방이 이어졌을지도 모를 회의가 속도감을 얻고 생산적으로 변한다.

참석자 한 사람을 시간 관리 담당으로 지정하는 것도 괜찮은 방법이다. 그에게 제한 시간이 10초 남았을 때 신호를 보내는 역할을 맡기자. 그리고 시간이 다 되면 말을 가로막고 정중하게 "잘 들었습니다. 감사합니다. 다른 분 말씀하십시오"라고 말하는 것이다.

> **법이 끝나는 곳에서 독재가 시작된다.**
>
> — 윌리엄 피트(William Pitt, 전 영국 수상)

학생, 교사, 학부모, 교육부 공무원들이 한자리에 모여 공립 학교 발전을 논의하는 자리에서 사회를 본 적이 있다. 특수 교육의 방향, 체육 특기생의 의무 수업 일수, 약물 및 성교육 등 민감한 주제가 많은 회의였다. 일정이 다 끝난 후 참석자들은 일제히 기립 박수를 쳤다. 상정된 안건들이 공정하게 충분히 논의되었다고 판단한 것이다.

그 전까지 늘 고함으로 얼룩졌던 그 회의가 어떻게 잘 끝날 수 있었을까? 나뿐 아니라 여러 진행자들이 능숙하게 규칙을 정하고, 모든 참석자가 규칙을 따르도록 인도한 덕분이었다. 한 진행자는 내게 다가와 "조금 전에 대단한 칭찬을 받았어요. 자기주장이 아주 강했던 참석자가 나가다 말고 내게 악수를 청하며 '자네는 날 불쾌하게 만들면서도 기분은 나쁘지 않게 했어'라고 하더군요."

정말 마음에 드는 표현이 아닐 수 없다. 규칙을 세우고 요구하는 회의 진행자는 상대를 불쾌하게 만드는 악역을 담당하기 마련이다. 막무가내로 말을 이어가는 연사에게서 발언권을 빼앗기란 쉽지 않다. 한창 뜨거운 논쟁이 벌어지는데 화제를 바꾸기도 힘들다.

하지만 그 효과는 크다. 소수의 공격적인 사람이 아닌, 모든 참석자의 권리가 공평하게 인정받는다는 느낌을 주기 때문이다.

단숨에
자신감을 되찾는 비결

늘 내 바깥에서 힘과 자신감을 찾았지만 그건 언제나 내 안에 있었다.

— 안나 프로이트(Anna Freud, 정신분석학자)

자신감 넘치는 모습으로 남들로부터 존중을 받는 비결이 궁금한가?

대체로 범죄자들은 쉽게 겁먹을 것처럼 보이는 사람을 표적으로 삼는다고 한다. 어깨를 축 늘어뜨린 채 비실비실 걷는다든지, 눈을 아래로 내리깔고 자신 없는 표정을 보인다든지 하는 사람 말이다. 어떤 공격이든 막아낼 수 있다는 당당한 자세는 그만큼 중요하다. 텅후에서도 역시 어떤 언어적 공격이든 이겨낼 수 있다는 자신감을 강조하고 있다.

> 사람이 두려움에 사로잡히면 거기에만 매달려
> 성격이 망가지면서 빈 껍질만 남게 된다.
> ─ 헨리 워드 비처

5초만 다음과 같은 연습을 해보면 두려운 느낌과 당당한
느낌 사이의 엄청난 차이를 체험할 수 있을 것이다. 옆 사람
에게 부탁해 '불쌍한 자세'와 '당당한 자세'를 직접 눈으로 확
인하는 것도 좋다.

자, 자리에서 일어서라. 어깨를 앞쪽으로 떨어뜨려라. 가
슴을 움츠리고 고개를 숙이고 바닥을 내려다보라. 두 발을
모으고 두 손도 모아라. 저절로 자신감이 사라지지 않는가?

이번에는 어깨를 위로, 그리고 뒤로 세워라. 그러면 자동
으로 고개가 들리고 자세가 바르게 교정되며 두 손은 옆구리
쪽에 위치하게 된다. 두 발은 엉덩이 너비만큼 거리를 두고
딛자. 자, 이제 자신감이 느껴지는가?

> 인간은 자신의 믿음으로 만들어진다.
> 믿는 모습대로 존재하는 것이다.
>
> — 바가바드 기타(《Bhagavad Gītā》, 힌두교 경전)

5초의 자신감 교정은 스스로 당당하게 행동하기 위한 쉬운 방법이다. 실망하거나 좌절했다면 당신은 자신도 모르는 사이에 몸을 움츠리고 있을 것이다. 척추와 함께 영혼도 움츠러드는 것이다. 그럴 때는 되도록 빨리 어깨를 활짝 펴 두려움을 날려버려라. 체중을 양발에 균형 있게 싣고 운동선수 같은 자세를 취하는 것이다. 그러면 당장 낙관적인 기분이 된다. 자세 때문에라도 위를 올려다보게 되기 때문이다. 머리를 높이 들어라. 그러면 희생양을 찾아다니는 정신적인 범죄자들에게 괜한 틈을 보이는 일이 없을 것이다.

나 역시 5초의 자신감 교정이 실생활에서 커다란 효력을 발휘하는 경험을 했다. 두 아들이 〈피터 팬〉 뮤지컬 오디션을 볼 때였다. 오디션에 선발되어 무대에서 춤추게 되리라는 희망에 아이들은 잔뜩 기대하고 있었다.

드디어 큰아들 톰 차례가 되었다. 난생처음 무대에 올라 노래를 시작한 톰은 얼마 지나지 않아 뒷부분을 까먹고 말았다. 반주가 계속되는 동안 톰은 몸을 비비 꼬다가 결국 슬금슬금 자리로 돌아왔다. 눈물을 참는 기색이 역력했다. 톰은 실수를 거듭 되뇌었고, 그럴수록 의자에 깊이 파묻혔다. 나는 "똑바로 앉아라, 톰"이라고 한마디 했다. 자세를 고쳐 앉은 톰은 조금씩 자신감을 회복해갔다.

그때 톰이 앉은 자세를 바로 하지 않았다면 부질없는 실망과 자책으로만 시간을 보냈을 것이다. 다음에 다시 한 번 시도하겠다는 생각은 조금도 하지 못하고 말이다. 자세를 바로잡은 덕분에 집에 오는 차 안에서 톰은 동생과 함께 추가 모집에 지원하는 것에 대해 떠들어댔다.

무언가를 시도해서 원하는 결과가 나오지 않았다면 이 교훈을 기억하라. 자세를 바꾸면 기분도 바뀐다. 5초의 자신감 교정을 통해 부끄러움과 좌절에서 벗어나 가볍고 즐거운 상태로 돌아가라.

당신이
원하는 상황을 그려보라

의혹은 너무도 외로운 고통이어서 자칫 그 형제가 확신임을 잊기 쉽다.
— 칼릴 지브란

생각만 해도 무릎이 떨리고 손바닥이 땀으로 흥건해질 만큼 긴장되는 일, 생각하기도 싫은 일을 목전에 두고 있는가? 배우자의 직장 부부 동반 모임에 참석해야 하는가? 회사의 사활이 걸린 일을 협상하기 위해 상대 회사의 실력자와 맞붙어야 하는 입장인가? "이건 내가 해야 할 일이 아닌데요"라고 항의하는 까칠한 부하 직원을 달래야 하는가?

자, 그렇다면 당당한 자세로 먼저 그 상황에 들어서는 것이 어떨까? '그려보기' 작업을 통해 의혹을 확신으로 바꾸는 것이다. 눈앞에 그려보기는 자신감을 얻는 데 대단히 효과적인 방법이다. 인간 행동의 네 가지 특성을 보면 그려보기가 왜 유용한지 알 수 있다.

1. 확신은 최근 있었던, 혹은 자주 일어났던 성공 경험에 근거한다.

최근 성공했다면, 자주 해냈던 일이라면 당연히 자신만만하게 그 상황에 걸어 들어갈 수 있다. 자신감은 이미 증명된 능력을 바탕으로 한 '할 수 있다'는 느낌이기 때문이다.

2. 불안은 의혹과 두려움에 사로잡힐 때 생겨난다.

'내가 과연 해낼 수 있을까? 그 많은 사람이 지켜보는 가운데 숨이 막혀버린다면 어떡하지?'라고 생각한다면 불안에 사로잡히고 만다. 불안은 불운을 염려하는 상태다.

3. 낯선 상황에서는 누구나 편안한 기분이 될 수 없다.

맞서 싸우거나, 아니면 도망가거나 하는 양자택일은 우리에게 본능적으로 체화된 생존 기제다. 익숙하지 않은 환경에서 우리 몸은 아드레날린을 분비하여 방어하거나, 도망칠 기회를 노리기 마련이다. 주변을 잘 모른다면 불안한 상태에 놓일 수밖에 없다. 얼마간 시간을 보내고 안전하다는 점을 확인한 후에야 우리는 마음을 가라앉히고 긴장을 풀 수 있다.

4. 정신적 연습은 실제 연습에 비해 더 빨리, 좋은 결과를 가져온다.

물론 실제 연습이 좋긴 하다. 하지만 실제 상황에서 늘 완벽하게 성공하기란 불가능하고, 자칫하면 실수나 미숙함이 그대로 고정될지 모른다. 반면 정신적 연습에서는 언제나 성공을 거둘 수 있고, 이를 통해 실제적인 기량도 향상될 수 있다.

> **두려움은 친구가 될 수 있는 사람을**
> **이방인으로 만든다.**
>
> — 셜리 매클레인(Shirley MacLaine, 영화배우)

워크숍에서 '그려보기' 기법을 소개하자 마르타라는 참가자가 자기가 처한 상황을 털어놓았다. "아들이 다음 달에 결혼을 해요. 그런데 전 결혼식을 생각할 때마다 기쁘기보다는 두려워요."

"며느리가 마음에 안 드시나요?" 내가 물었다.

"아니, 그건 아니에요. 며느리는 아주 좋아요. 대단한 집안의 외동딸이랍니다. 그래서 아주 화려한 피로연을 연다는군요. 거기 비하면 우리 쪽은 내세울 것이 하나도 없어요. 저녁 내내 사돈 내외와 나란히 앉아 무슨 얘기를 해야 할지 앞이 깜깜해요. 꿔다 놓은 보릿자루 신세가 될 것이 뻔하지요."

결혼식까지 남은 기간은 3주라고 했다. 내가 입을 열었다. "앞으로 남은 3주를 걱정하면서 보낼 수도 있고, 예행연습을 하면서 보낼 수도 있습니다. 불안에 사로잡히거나 기대에 부풀거나 둘 중 하나입니다. 어떻게 하시겠습니까?"

이어 나는 그려보기 기법의 원칙을 제시했다. 그려보기 기법은 유리하게도 불리하게도 사용할 수 있다. 물론 제대로 된 이미지를 반복해서 그려본다면 자신감을 얻고, 불안감을 단호함으로 바꿀 수 있다.

1. 실제 상황을 가능한 한 가깝게 재현하기

결혼식이 치러질 교회는 어떤 모습일까? 신랑 부모가 앉을 자리는 어디일까? 오감을 다 활용해 가능한 한 상세하게 결혼식 풍경을 그려보라. 그리고 그 안으로 걸어 들어가라. 이 상황 저 상황을 마구잡이로 떠올려서는 별 소용이 없다. 처음부터 끝까지 흘러가는 과정을 그려보라. 이를 통해 아들의 결혼식을 좀 더 익숙하게 만드는 것이다.

2. 원하는 상황을 그려보고 어떻게 대답할지 계획하기

일어나지 않았으면 하는 끔찍한 상황만 세세하게 그려보다가는 불안감이 더 커질 수 있다. 그런 상황을 어떻게 잘 넘길지 그려보라. 잘못될 수 있는 부분이 무엇인지 생각하고 어떻게 침착하게 대처할지 그려보라. 낯선 사람들 앞에서 주눅 든 자기 모습이 아니라 모두를 기분 좋게 만드는 멋진 안 주인의 모습을 떠올려라. 사돈 부부에게 먼저 다가가 악수를 청하고, 피로연을 준비한 노고를 치하하는 장면을 그려보라.

3. 긍정적인 표현을 사용하며 반복 연습하기

'주눅이 들고 말 거야' 대신에 '우리 아들 결혼식에 참석해준 고마운 하객들에게 인사를 전해야지'라고 스스로에게 말하라. '대단한 하객들 앞에 서면 얼마나 떨릴까?' 대신에 '그런 자리에 서는 것이 정말 기뻐. 매 순간을 충분히 즐겨야겠다'라고 생각해보자.

마르타는 아들의 결혼식을 끝내고 이렇게 편지를 보내왔다.

정말 멋진 시간이었어요. 이제 와 생각하니 쓸데없는 걱정에 시달렸더라고요. 걱정하는 것은 원치 않는 일이 일어나기를 비는 것이나 다름없다는 말은 정말 맞아요. 반면 '그려보기'는 원하는 일이 정말 일어나도록 하는 유용한 기법이지요.

Scene
35

두려움을 다스리는 것이
먼저다

운을 망치고 싶지 않다면 말(吾)을 다듬어라.
― 셰익스피어

셰익스피어의 말을 조금 바꿔보면 어떨까? 운을 만들 수
있도록 말을 다듬으라고 말이다. 우리는 말을 통해 다른 사
람을 가르치고 동기를 부여한다. 이를 더 효과적으로 하려면
자신 있게 자기 생각을 말하는 기술이 필요하다.

한 조사에 따르면 많은 사람들이 수많은 대중 앞에 나서
서 말하기를 죽기보다 두려워한다고 한다. 나이와 경험을 막
론하고 여러 사람 앞에서 말해야 한다는 생각만으로 얼어붙

어버리는 경우도 많다.

앞서 이야기한 그려보기 기법을 사용하면 이런 공포심을 극복하고 자기 생각과 마음을 이야기할 수 있다. 감동을 주기보다 정보를 전달하겠다고 생각하는 것도 도움이 된다. 떨리고 부끄럽다면 이는 자기 자신에게 초점을 맞췄기 때문이다.(내가 어떻게 보일까? 나에 대해 어떻게 생각할까?) 그 초점을 청중 쪽으로 이동시키면(이 시간을 어떻게 모두에게 유익하게 만들까? 내 이야기에서 무엇을 얻어가도록 할까?) 한결 두려움을 덜 수 있을 것이다. 가치 있는 정보를 제공해야 한다는 의무감이 불안을 밀어내버리기 때문이다.

> 한계를 역설하다 보면 어느덧 그것은
> 자기 한계가 된다.
> — 리처드 바크(Richard Bach, 작가)

정신적인 예행연습이 어떻게 공포를 즐거움으로 바꿔주는지 잘 보여주는 사례를 하나 더 소개해보자. 케빈은 전국적인 규모의 중요한 회의에 나가 발표를 하게 되었다. 평생한 번도 15명 이상의 청중 앞에서 말해본 경험이 없었던 탓에 케빈은 극심한 두려움을 느꼈다.

나는 이렇게 조언했다.

"케빈, 지금 당신은 한계를 강조할 수도 있고, 한계를 극복할 가능성을 강조할 수도 있어요. 남은 열흘 동안 밤마다 5분씩 그려보기 연습을 하세요. 자리에 앉아 발표하게 될 방을 그려보세요. 발표장이 어떻게 생겼는지 모른다면 회의 장소인 호텔에 연락해 설명을 들으세요."

구체적인 그려보기 연습 방법도 알려주었다.

"소개를 받고 힘찬 걸음으로 연단에 오르는 모습을 그려보세요. 웃는 얼굴로 청중들을 한번 둘러보고 앞뒤 좌우에 앉은 사람들 중 최소한 네 명과 눈을 맞추는 겁니다. 그리고 그런 자리에서 발표할 기회를 얻게 된 것이 얼마나 감사한 일인지 생각하세요. 모두가 주목할 때까지 잠시 기다렸다가 발표를 시작하는 당신 모습을 상상하세요. 이해하기 쉽도록 조목조목, 뒤쪽에까지 잘 들리는 목소리로 발표를 하는 겁니다. 청중들이 제대로 듣고 있는지, 당신의 발표에서 유용한 정보를 얻었는지 배려하는 모습을 그려보세요. 행동의 변화를 촉구하면서 당당하게 발표를 끝내는 당신의 모습을 떠올려보세요."

케빈은 회의 다음 날 전화를 걸어왔다. "효과가 대단했어요! 마치 백 번은 해본 일인 것처럼 아주 편안하게 발표를 해냈다니까요!" 그랬다. 실제로 수십 번 해본 일이었다. 마음속으로 말이다.

물론 그려보기 기법이 성공을 100% 보장하지는 않는다.

그러나 더 잘 해내도록 하는 것은 확실하다. 존 F. 케네디도 '우리가 달려드는 일이 다 성공하는 것은 아니다. 다만 달려들지 않는다면 성공하기는 불가능하다'라고 하지 않았던가.

어쩌면 실제 상황은 당신이 그려보기에서 연습한 것과 다르게 진행될 수도 있다. 설사 그렇다 해도 뻣뻣하게 긴장한 상태보다는 그려보기 연습을 거친 상태가 어떤 상황이든 유연하게 적응할 가능성이 훨씬 더 높다. 그려보기 기법을 통해 두려움을 다스려라. 그리하여 공포스러울 수도 있는 사건을 멋지게 승리로 장식하라.

자신감을 갖기 위한
행동 전략

졸업 25주년 기념 고교 동창회가 다음 주로 다가왔다. 옛 친구들을 만날 생각에 들뜨기도 하지만 예전보다 훨씬 뚱뚱해진 내 모습 때문에 신경이 쓰인다. 모두들 충격받아 소리를 지르면 어쩌지?

☹ 하지 말아야 할 **말과 행동**

끔찍한 순간에 대해 상상한다

'모두들 나더러 뚱뚱해졌다고 하면 울고 싶은 기분이 들 거야.'

의혹과 두려움에 초점을 맞춰 불안을 키운다

'다른 애들은 다 멋진 모습으로 나타나겠지. 나만 주눅이 들지 몰라.'

부정적인 상황만 그려보다가 결국 안 가기로 결정한다

'역시 그만두는 게 좋겠어. 자신이 없어.

즐기지도 못할 자리면 갈 필요 없지.'

즐거운 기대에 부푼다

'친구들을 만나 그동안 지낸 이야기를 듣게 된다니 정말 기쁜 일이야.'

동창회가 어떻게 진행될지 그려본다

'조이스와 켈리 소식이 특히 궁금해. 가서 물어봐야지.

춤곡이 나오면 꼭 춤도 출 거야.'

동창회 장소에 당당히 걸어 들어가는 모습을 그려본다

'똑바로 서서 걸어야지. 옛 친구들과 만나는 멋진 순간을

충분히 즐겨야 해.'

Scene
36

설득의
다섯 가지 원칙

삶의 평화를 얻기 위해서는 용기라는 대가를 치러야 한다.
— 아멜리아 에어하트(Amelia Earhart, 최초로 대서양 횡단에 성공한 여성 비행사)

남 앞에 나서서 말할 마음의 준비가 되었는가? 상황 그려보기가 전부이며 끝은 아니다. 이제는 적절한 속도와 적절한 기술로 말하며 상대가 고개를 끄덕이도록 만드는 법을 알아볼 차례이다.

미국의 작가 조셉 우드 크러치Joseph Wood Krutch는 '고양이는 자기가 원하는 것을 얼마든지 요구해도 좋다는 원칙을 가진 것 같다'라고 했다. 고양이에게 통하는 원칙이라면 우리에게도 통하지 않을 이유는 없다.

워싱턴의 법률 사무소에서 일하는 내 친구는 매일 점심 시간에 회사 근처에서 달리기를 한다. 하지만 회사에 전용 샤워 시설이 없어 신나게 운동을 한 다음 몸을 씻지 못하고 다시 정장으로 갈아입어야 하는 것이 불만이었다. 친구는 남성 직원들을 위한 샤워 시설이 있는 만큼 여성용 시설도 만들어달라고 건의했지만, 비용이 들고 공간도 없다는 이유로 거절당했다. 그녀는 내게 전화를 걸어 도움을 청했다.

우선 나는 원하는 바를 이루기 위해 노력하는 모습을 칭찬해주었다. 그리고 다음 다섯 가지 설득 원칙을 사용해 제안한다면 희망을 실현할 가능성이 높아질 것이라 귀띔해주었다.

> 우리는 스스로 행운을 만들고서
> 이를 운명이라 부른다.
> — 벤저민 디즈레일리

1. 긍정적 기대를 가지고 상황에 접근하라

원칙이라 하기에는 너무 당연하다고 여겨지는가? 실제로 워크숍 참석자 중 한 명은 이 원칙을 보고 "저건 상식이잖아요. 다 아는 일이라고요"라고 말했다. 이에 나는 우리 아버지가 늘 하시던 말씀을 인용해 "상식이 현실에서 늘 실현되는 것은 아닙니다"라고 대답했다.

마음속으로 '이건 시간 낭비일 뿐이야. 내 제안은 거부당할 게 뻔해'라고 생각하면서 제안서를 들고 가본 경험이 있는가? 제안이 받아들여지리라는 생각을 당신도 안 하는데 대체 누가 하겠는가? 드와이트 아이젠하워 Dwight D. Eisenhower 는 '회의주의로는 어떤 전투도 이기지 못한다'라고 했다. 우선 당신 자신부터 낙관주의자가 되어야 한다. 그래야 확신을 가지고 상대에게 다가갈 수 있다.

2. 반대를 예상하고 준비하라

제안을 반대하는 사람이 어떤 이유를 들지 예상해보라. 어떤 논리와 표현을 사용할지도 상상하라. 예상되는 반대 의견을 먼저 제시하며 이야기를 끌고 나가지 않으면 상대는 처음부터 귀를 기울이지 않을 수도 있다. 그저 말할 기회만 기다리다가 당신의 제안은 불가능하다고 대답해버릴 것이다. 예산 부족이 반대 이유가 될 것으로 예상된다면 처음부터 그 얘기를 꺼내라. "예산이 없다는 생각을 하실지 모르겠습니다. 10분만 시간을 내주신다면 3주 만에 비용이 회수될 수 있다는 점을 설명하겠습니다." 이렇게 말이다.

3. 요점에 번호를 붙여 정리하라

고등학교 때 우리를 담당했던 토론 지도 선생님은 '생각을 얼마나 체계적으로 제시하는지가 곧 능력이다'라고 말씀하시곤 했다. 그렇다. 당신이 해당 주제에 대해 체계적으로 설명할 수 없다면 청중은 당신을 제대로 인정하지 않을 것이다.

체계화를 꾀하는 가장 쉽고 빠른 길은 번호를 붙이는 것이다. "이 방법이 유용한 이유는 세 가지입니다. 첫째는……, 둘째는……"이라는 식으로 말이다. 번호를 붙여주면 의견이 사실처럼 제시되어 설득력이 높아진다. 나아가 듣는 쪽에서도 이해하고 기억하기 쉽다. 전체 구조가 명료하게 들어오기 때문이다.

15년 동안 전문 강연자로 일하면서 내가 터득한 최고의 메시지 전달 방법은, 요점을 제시하고 설명한 후 사례를 드는 것이다. 여기서 사례는 요점을 기억하도록 만드는 동시에 제안하고 있는 방법의 효과를 보여주는 두 가지 역할을 한다.

4. 상대의 요구에 맞춰 상대의 언어로 말하라

'저'라는 1인칭 주어는 피하라. 이를테면 "저는 여성용 샤워 시설이 직원들에게 유용하다고 생각합니다"라는 식으로 말하지 않는 게 좋다. 사람들은 당신의 필요에는 사실 관심이 없다. 당신이 아닌 자신들에게 어떤 효용이 있을지 궁금해한다.

당신이 설득해야 하는 상대에게 가장 중요한 것이 무엇인지 생각하라. 돈인가? 안전인가? 명성인가? 지위인가? 권력인가? 당신의 제안이 상대에게 어떤 효용이 있을지 찾아내 그 점을 부각하라. 예를 들어 상대에게 중요한 것이 업계 지도자로서의 명성이라면, 이 혁신적 아이디어를 최초로 실현함으로써 변화의 선구자가 될 수 있음을 강조하는 것이다.

5. 상대가 당신의 아이디어를 시도하게끔 동기를 부여하라

당신의 제안이 얼마나 대단한지 강제로 주입하려 든다면 그 강제성 때문에 거부감을 느끼고 상대가 뒤로 물러설 가능성이 크다. 목표는 질문을 던지면서 상대를 적극적으로 끌어들이고, 이를 통해 당신의 생각을 자기 스스로 깨닫도록 만드는 것이다. 제안 내용이 어떤 것인지 머릿속으로 그려본 상대는 그제야 비로소 수동적, 부정적 태도에서 벗어나 적극성을 갖게 된다.

Scene
37

상대의 거절을 뒤집는
3R 전략

이기고 있는 경기는 바꾸지 말라. 지는 중이라면 반드시 바꿔야 한다.
— 빈스 롬바르디(Vince Lombardi, 축구 감독)

설득의 다섯 가지 원칙을 동원했지만 앞서 이야기한 내 친구는 여성용 샤워 시설을 만드는 데 결국 실패했다고 알려왔다. 그리고 다시 제안할 기회가 없을까 봐 걱정이라고 했다.

사실 한 번 거절당하면 기회는 닫히는 경우가 많다. 하지만 새로운 근거를 찾아내 제시한다면 기회를 다시 만들 수 있다. 이전 협상에서 논의되지 않았던 사항을 협상 테이블에 올리는 것이다. 그러면 상대는 자기의 결정을 번복한다 해도 정당성을 확보할 수 있다. 의사 결정의 새로운 기준이 등장하였으므로 체면을 손상하는 일 없이 다른 결론을 내릴 수 있는 것이다. 유명한 축구 감독 롬바르디의 말대로 처음 전술이 승리를 가져오지 못했다면 다른 전술을 동원해야 한다.

나는 친구에게 3R 방법을 제안했다. 원하는 것을 얻는 데 실패했다면 당신도 마음을 가다듬고 이 방법으로 다시 도전해보라.

Retreat(퇴각)

침착하게 그 상황에서 빠져나오라. 절대로 주먹으로 책상을 쾅 내리치거나 해서는 안 된다. 나중에 다시 돌아가기가 매우 어려워진다. 상대의 거부를 일단 침착하게 받아들여야 다시 시도할 기회가 생긴다.

Reevaluate(재평가)

왜 거부당했을까? 상대의 요구를 제대로 표현하지 못했기 때문일까? 번호를 붙여가며 요점을 잘 정리하지 못했던 걸까? 취약했던 부분을 규명하고 새로운 근거를 찾아라.

Reapproach(재시도)

새로 약속을 잡고 만나라. "지난번에 이미 논의했던 문제이긴 합니다만, 새로이 고려해야 할 부분이 있습니다"라는 말로 설명을 시작하라. 설득의 다섯 가지 원칙, 그리고 2부에서 소개한 '해야 할 말' 기법을 활용하라.

그리하여 결국 내 친구는 여성용 샤워 시설을 만드는 데 성공했다. 두 번째 시도를 앞두고 충실히 준비한 덕분이었다. 관련 단체와 접촉해 점심시간에 운동하는 직원들의 업무 능력이 눈에 띄게 향상되었음을 보여주는 자료를 확보한 것이다. 직원용 샤워 시설을 설치한 다른 기업들의 사례도 수집했다. 공간이 없다는 주장에 대해서는 거의 사용되지 않는 회의실을 개조하자며 구체적인 방법까지 제시했다고 한다.

> 가르치는 내용이 아닌,
> 가르치는 방법이 메시지가 된다.
> 밀어 넣지 말고 이끌어내라.
> ― 애슐리 몬태규(Ashley Montagu, 인류학자)

워크숍 참가자가 질문을 했다. "설득의 원칙 중에서 다섯 번째는 잘 이해가 가지 않습니다. 어떻게 상대가 내 아이디어를 시도하도록 만들라는 건가요?"

좋은 지적이다. 내 아이디어를 상대가 곰곰이 생각해보고 받아들이게 하는 방법은 무엇일까? 이를 위해서는 인간은 강제로 주입된 것보다 스스로 배운 내용을 더 잘 기억한다는 소크라테스Socrates의 조언을 기억해보자.

명제를 질문으로 바꾸는 소크라테스의 방법은 상대를 성공적으로 설득해내는 데 아주 효과적이다. 결정을 내리도록 압박하는 것과 아이디어를 멋지게 제시해 스스로 결정하도록 만드는 것은 엄연히 다르다. 상대에게 주도적인 역할을 주어라. 그럼으로써 저항을 줄일 수 있다.

예를 들어 "여직원들도 퇴근 후 씻고 옷을 갈아입을 공간이 필요합니다"라고 말하는 대신 "여성 샤워 시설이 마련됨으로써 여직원들의 사기가 높아지고 이직률도 낮아지는 효과를 얻고 싶지 않으신가요?"라고 질문하는 것이다.

> 이야기는 때로 진실을 전하는 가장 좋은 도구가 되기도 한다. 맥락이 닿으면서도 충격적인 이야기라면 논증보다 더 강력하고 효과적이다.
> — 타이론 에드워즈(Tyrone Edwards, 작가)

질문, 그리고 생생한 성공담은 듣는 사람이 논리적 좌뇌에서 감정적 우뇌로 옮겨가게 만든다. 제아무리 신랄한 비평가도 재미있는 이야기를 듣는 것은 좋아한다. 이야기의 결말에 흥미를 느낀 상대는 이미 그 아이디어를 경험한 셈이다.

구체적인 언어 표현은 아이디어를 우리의 현실로 바꾸는 힘을 발휘하게 된다.

내 오랜 친구는 최근 공인중개사 시험에 합격해 자격증을 취득했지만 여러 차례 시도해도 거래를 성사시키지 못했다. 낙담한 친구는 선배 사무실에 들러 "다 때려치워야겠어!"라고 말했다고 한다. 그러자 선배는 "때려치우겠다니? 이제 겨우 몇 달 일했을 뿐이잖아?"라고 되물었다.

"차로 돌아다닌 거리가 6000킬로미터나 되고 100명이 넘는 고객을 만났지만 결과가 하나도 없는걸요. 말을 물가로 데려갈 수는 있어도 물을 먹일 수는 없다는 옛말이 정말 맞는가 봐요."

"자네 일은 말이 물을 마시도록 하는 게 아니야. 목마르도록 하는 게 중요하다고."

그 후 친구와 나는 점심을 먹으면서 어떻게 설득 원칙과 3R 전략을 활용해 고객을 설득할지 의논했다. 그리고 "저도 이 동네를 좋아한답니다" 대신에 "정말 멋진 동네이지 않아요?"라고, 또 "아주 예쁜 방이에요" 대신에 "누가 이 방을 쓰면 좋을까요? 아드님? 아니면 따님?"이라고 말하기로 했다.

또 매물로 나온 집에 살았던 사람에게 집에 얽힌 추억을 듣고 그 이야기도 실감나게 들려주기로 했다. 결과는 말할 필요도 없이 대성공이었다. 선배의 조언대로 말에게 물을 마시라고 강요하는 대신, 목이 마르게끔 만든 것이다.

설득하기 위한
행동 전략

아이들이 수영장 파티를 벌이고 있다. 들뜬 나머지 사방을 마구 뛰어다 닌다. 몇 번 주의를 주었지만 아랑곳하지 않는 상황이다. 어떻게 아이들 을 설득하여 진정시키면 좋을까?

하지 말아야 할 **말과 행동**

고함을 지르고 경고한다

"당장 조용히 하지 않으면 다 내쫓고 파티를 끝내버리겠어!"

결국 설득이 불가능할 것이라 생각한다

'내 말을 들을 리가 없어. 손쓸 수 없을 정도로 제멋대로니까.'

왜 그만 뛰어다녀야 하는지, 당신이 기대하는 바가 무엇인지 설명한다

"그러다가 다칠지도 모르잖아. 멋진 파티를 열기 위해 노력을 많이 했는데 너희들이 다 망쳐놓고 있어."

안전의 중요성에 대해 설교를 늘어놓고 말을 끝낸다

"자, 두 번 설명하지 않아도 알겠지?"

 ## 해야 할 **말과 행동**

설득하기 위해 무슨 말을 하면 좋을지 잠시 생각한다

'차분하게 놀면 자기들한테도 좋다는 걸 어떻게 알려줄까?'

설득이 중요하고 가능하다는 점을 확신한다 "자, 다들 이리로 와 앉아.

중요한 말을 해야 하니 잠깐 한눈팔지 말고 날 좀 봐주겠니?"

흥분을 가라앉히는 것이 왜 아이들에게 좋은지 보여주는 이야기를 한다

"작년에 케빈이 어떻게 되었는지 아니? 마구 뛰어다니다가

미끄러져 넘어지는 바람에……."

합의된 결론이 무엇인지 질문을 던진다

"자, 여기서 계속 수영을 하며 놀고 싶다면 어떻게 해야 하는 거지?"

어떤 언어적 공격이든
이겨낼 수 있다

말 잘 듣는 개도 때로는 으르렁거린다.

— 텅후 명언

자, 이제까지 소개한 모든 기법이 다 안 먹히는 사람을 만났다면 어떻게 해야 할까? 아마 그는 의도적으로 상대를 괴롭혀대는 심술꾼이리라.

사실 이런 심술꾼은 피하는 것이 상책이다. 성경에도 '분노를 품는 자와 사귀지 말며 울분한 자와 동행하지 말지니 그의 행위를 본받아 네 영혼을 올무에 빠뜨릴까 두려움이니라'(잠언 22:24~25)라고 나와 있다. 하지만 현실적으로 늘 가능한 방법은 아니다. 만약 당신이 가차 없는 언어적 공격으로 상대를 조정 혹은 통제하려는 사람과 함께 일하거나 사는 상황이라면, 지금부터 소개하는 내용이 유용할 것이다.

> 모든 잔혹함은 무감각과 나약함에서 나온다.
> ㅡ 세네카

지금까지의 텅후 기법을 사용하면 대부분의 인간관계를 원만하게 유지할 수 있고 갈등도 해결할 수 있다. 까다로운 행동의 90% 정도는 상황에 따른 결과, 즉 만족스럽지 못한 상황이 만드는 부산물이라는 것이 내 믿음이다. 그리고 이런 경우에는 마음을 다하는 적극적인 대처로도 충분하다. 그러나 나머지 10%는 무의식적이기보다는 의도적이다. 상대가 비이성적으로 행동하는 상태이므로, 이럴 때는 별도의 접근 방법이 필요하다.

처음 보는 사람이 사납게 군다면 그가 본래 그런 성향의 인간이기 때문인지, 아니면 순간적으로 화가 났기 때문인지 본능적으로 구분할 수 있다. 상대에게 무엇인가 안 좋은 일이 일어나 감정이 나쁜 상태에서 운 나쁘게 당신이 걸려들었다는 느낌 같은 것 말이다. 인간적인 모습을 감지한다고 할까. 그리고 충분히 달랠 수도 있다.

반면 의도적인 심술꾼은 끝까지 당신을 괴롭힌다. 우월감을 느끼기 위해 치밀하게 당신을 깎아내리고 계산된 악행을 일삼는 것이다. 어쩌면 당신이 힘들어하는 것을 보며 즐거워하고 한층 행동의 수위를 높일지도 모른다.

> **열등한 쪽에게 명백한 고통을 안겨줄 수 없다면**
> **우월함을 확신하기란 어렵다.**
>
> ― 맥스 라딘(Max Radin, 법학자)

의사소통 전문가인 패트리셔 에반스Paticia Evans는 심술꾼의 주요 무기인 언어폭력이 얼마나 무서운 것인지 다음과 같이 설명한 바 있다.

언어폭력은 상대에게 권력을 행사하는 방법이다. 물리적 폭력과 달리 눈에 보이는 흔적을 남기진 않지만 그것 못지않게 큰 고통을 안겨준다. 심술꾼은 독재를 원하고, 상대의 인식, 경험, 가치, 성취, 계획 등을 무시하고 부정한다. 현실도 인정하지 않는다. 언어폭력은 모호하거나 간접적으로 나타나기도 한다. 그리고 예측 불가능하다는 특성도 있다. 희생자는 세뇌를 당해 복종하게 되고, 자신의 고통을 느끼지 못할 만큼 혼란에 빠지고 만다.

행동심리학자들에 따르면 심술꾼은 가능한 한 가장 못된 행동을 하려 들고, 그 행동에 대한 책임은 남에게 떠맡긴다고 한다. 그러면 어떻게 이들이 자기 행동에 책임을 지도록 할 수 있을까?

한 가지 방법은 '너/당신'이라는 주체를 분명히 밝히는 것이다. 보통은 감정을 표현할 때 '나'라는 주체를 사용할 것이 권장되는 편이다. "우리 데이트를 잊어버렸다니 전 정말 섭섭해요"라고 말하라는 식이다.

하지만 심술꾼에게는 이러한 완곡한 어법이 통하지 않는다. 예컨대 "저를 대하는 방식이 마음에 들지 않습니다"라고 말하면 "바로 그게 자네 문제야!"라고 나오기 십상이다. 심지어는 "우리가 뭐 대단한 관계라고 착각하지 마"라는 식으로 한술 더 뜰지도 모른다.

따라서 심술꾼을 상대할 때에는 '너/당신'이라는 주체를 분명히 밝혀 자기 행동에 답하도록 만들어야 한다. "당신이 제게 무슨 말을 할 때에는 좀 더 부드러운 어조로 해주세요" 혹은 "이제부터는 약속을 지키지 못할 상황이면 당신이 먼저 전화를 해주십시오"라는 식으로 말이다.

Scene
39

주도권을 내주지 않는 것이
중요하다

나는 모든 것을 내면화하는 편이다.
분노를 표현하지 못하는 대신 암을 키우는 것이다.

— 우디 앨런(Woddy Allen, 영화감독)

내면화하기보다 주도권을 잡아야 한다는 개념은 내가 강
연을 하고 글을 쓰는 몇 년 동안 터득한 가장 중요한 원칙이
다. 워크숍을 진행할 때마다 나는 자신을 함부로 대하는 사
람 때문에 괴로워하는 이들을 만났다. 최선의 노력을 다했지
만 결국 이용만 당하고 마는 이들을 보면서 나도 몹시 가슴
이 아팠다. 그들은 세상의 불공정함에 상처 받고 분노했다.
그럼에도 더 열심히 하면 자신의 노력이 재평가되고 보상받

지 않을까 기대하는 사람들도 있었다.

그런데 심리적으로 상처 입은 이들은 보통 행동을 주도하기보다는 불안을 내면화한다. 그래서 자기를 괴롭히는 상대 때문에 괴롭냐고 묻더라도 "아니오"라고 대답하는 것이다. 단호하게 나가면 심술꾼이 더욱 못되게 굴 것이라 생각하고 두려워하기 때문이다.

나는 그런 사람들에게 상대를 주체로 삼아 말하라고 권하곤 한다. 심술꾼이 조금이라도 주목하게 만드는 방법은 그것뿐이다. 잘못된 일의 원인이 선량한 피해자가 아닌 심술꾼 자신에게 있음을 명확하게 알려야 하는 것이다.

예를 들어 "할 일이 너무 많아 도저히 다 끝낼 수 없었어요"라고 징징거리는 대신(이에 대해 심술꾼은 "그럼 더 늦게까지 남아 일을 했어야지!"라고 답할 것이다), "오늘까지 끝내야 하는 일이 너무 많습니다. 어떤 것이 최우선이고, 어떤 것을 내일로 미룰 수 있는지 알려주십시오"라고 하는 것이다.

또한 "스미스가 승진한 건 공정하지 않다고 생각하는데요"라는 나약한 표현 대신(이는 "세상이 공정하다고 누가 그랬지?"라는 빈정거림이나 사게 된다) "지난 분기에 절 승진시켜주기로 약속하셨습니다. 그러면 약속을 지키셔야지요"라고, "점심을 그렇게 오래 나가 먹고 나한테 일을 떠맡기는 건 옳지 않다고 생각해" 대신에 "당신이 1시에 약속을 했으면 시간 맞춰 자리에 돌아와야지"라고 말하라.

> 미움은 암처럼 인성을 파괴하고
> 생기를 갉아먹는다.
>
> ― 마틴 루터 킹 2세(Martin Luther King Jr. 성직자)

심술꾼을 미워하는 것은 아무 소용이 없다. 당신의 건강, 행복, 마음의 평화는 당신이 지켜야 한다. 진흙탕 속 싸움에 휘말리면 이겨봤자 진흙투성이가 된다. 앞서 소개한 '최후통첩을 하기 전에 따져봐야 할 여섯 가지'(156~158쪽 참조)를 적용해 상대와 맞설지 말지를 결정하라.

군인으로 오래 복무한 나의 남편은 성질이 고약하기로 악명 높은 상관을 모시게 되었다. 늘 상관에게서 배울 점을 찾으며 잘 지내던 남편이었지만 이 상관의 언어폭력은 너무도 심각한 지경이었고, 남편은 곧 갈등을 겪기 시작했다. 계속 견뎌내야 할 것인가, 아니면 27년의 복무 경력까지 포기할 작정을 하고 정면 대응해야 할 것인가.

남편이 브리핑을 하게 된 어느 날이었다. 그가 차트를 펼치고 설명을 시작한 지 얼마 되지 않아 예의 그 상관이 험한 소리를 내뱉었다. 남편은 차트 앞에서 한 걸음 물러서 상관을 바라보며 단호하게 말했다. "브리핑 내용에 대해 질문이 있다거나, 건설적인 조언을 하신다면 환영합니다. 하지만 제게 욕설을 하시면 참지 않겠습니다." 그리고 남편은 아무 일 없다는 듯 설명을 계속했고, 상관도 더 이상은 끼어들지 않았다고 한다.

나는 그 일을 까맣게 모르고 있었다. 몇 달이 지난 어느 날 야외 음악 공연을 보기 위해 줄을 서 기다리던 내 앞에 한 남자가 다가오더니 "훌륭한 남편을 두셨습니다"라고 말을 걸어왔다. 나는 영문을 모른 채 "네, 저는 남편의 팬이지요"라고 대답했고, 그 남자는 정중하게 고개를 숙인 뒤 절도 있는 동작으로 멀어져갔다.

옆을 돌아보자 남편이 놀란 표정을 짓고 있었다. "대체 누구야?"라고 묻자 남편은 여전히 믿기지 않는다는 투로 "바로 그 고약한 상관이야"라고 대답했다.

> 나를 대하는 사람들의 태도는 때로
> 그들의 특성이 아니라, 내 특성에 따라 결정된다.
> — 텅후 명언

대체로 심술꾼은 더 이상 참지 못할 때까지 계속 당신을 괴롭힌다. 마치 당신을 시험하듯이 말이다. 그렇기 때문에 "그렇게 굴다가는 결국 무사하지 못할 거야"라고 위협적인 말을 해줄 필요가 있다.

심술꾼에게 침묵은 곧 복종을 뜻한다. 스스로 잘못을 깨닫고 사과하게 하고 상대의 태도를 바꾸려는 심산으로 반대

편 뺨을 내미는 행동 따위는 소용이 없다. 선한 본성에 호소하는 것은 효과가 없는 것이다. 어쩌면 그에게는 애초부터 선한 본성이라 할 만한 것이 없는지도 모른다. 대부분의 인간관계에서 당신이 지향하는 바와는 다르겠지만, 간혹 이렇게 극단적인 사람을 상대할 때에는 공격이 최선의 방어가 되기도 한다.

워크숍 참가자들 중 여러 사람이 제멋대로인 사람을 상대해야 했던 힘든 시간을 털어놓았다. 그들은 당할 만큼 당하다가 도저히 참지 못하겠다는 결정을 내리고 최후통첩을 한 후에야 그 고통이 끝났다고 했다. 그러고 나면 몇 달 혹은 몇 년 동안 시달렸던 언어폭력이 그토록 '쉽게' 끝났다는 데 충격을 받는다고 했다. 심지어는 상대의 태도가 180도 바뀌어 존중하는 모습까지 보였다고도 했다.

심술꾼이 자기를 해고할 수 있는 권한을 갖고 있는 탓에 아직도 속수무책으로 당한다는 사람도 있었다. 그런 사람에게 나는 출근한 첫날, 사소한 일 때문에 격분한 상사가 사무실로 쳐들어와 고함지르는 일을 겪었던 어느 비서 이야기를 해주었다. 비서는 벌떡 일어나 손가락으로 출입문을 가리키며 "저한테 이런 식으로 대할 수 있는 사람은 아무도 없어요!"라고 말했다. 상사는 곧 방을 나갔고, 이후 25년 동안 두 번 다시 그런 행동을 보이지 않았다고 했다.

언어적 폭력을 당할 때마다 이런 식의 정면 대결을 선택하라고 권하지는 않겠다. 다만 선택은 당신 자신의 몫이라는 것을 알려주고 싶다. 모욕을 받아들이고 혼자 고통받기보다는 위험 부담을 생각하고 한계선을 분명히 한 뒤, 필요할 경우 행동에 나서야 한다. 그리하여 정당한 대우를 쟁취해야 할 것이다.

심술꾼에게서 벗어나기 위한
행동 전략

어릴 때부터 늘 형에게 괴롭힘을 당했다. 형이 남들 앞에서 당신을 망신 주는 일도 많았다. 지금까지는 겁이 나서 제대로 맞서본 적이 없지만 이제는 행동이 필요하다고 생각한다. 어떻게 하면 좋을까?

 하지 말아야 할 **말과 행동**

또다시 형이 당신을 깔볼 때 큰 소리로 반항한다

"이렇게 늘 날 괴롭히는 데 정말 진절머리가 나!"

'나'를 주체로 나약한 인상을 주는 말을 한다

"난 다섯 살 때부터 날 깔보는 형의 말을 들어야만 했어."

형의 행동이 당신을 얼마나 괴롭히는지, 어떻게 해주면 좋겠는지 설명한다

"나한테 빈정거리는 식으로 말하지 마.

그건 나한테 정말 큰 상처가 된다고."

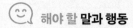
해야 할 **말과 행동**

정면 대결하기 전에 전투를 선택할지의 여부를 잠시 고민한다

'이건 사소한 일이 아니야. 지속적이고 또 의도적인 행동이기도 해.'

상대를 주체로 한 문장으로 상대의 책임 소재를 분명히 한다

"형은 오늘부터 날 존중하며 대해줘."

형의 행동을 더는 참을 수 없다고 설명하며, 이제부터 어떻게 하면 좋겠는지 강조한다

"부정적인 말은 형 자신한테만 해.

그렇지 않으면 누구에게도 환영받지 못할 거야."

"모두가 세상의 변화를 꿈꾼다.
하지만 자신의 변화를 생각하는 이는 아무도 없다."
—레프 톨스토이

4부

사람을 얻는 대화법

사람들은
당신의 귀를 원한다

내가 어떤 문제 때문에 고통받고 있는지 진심으로 듣고
진정으로 이해하는 단 한 사람의 존재가 세계관을 바꾼다.

— 엘튼 메이요(Elton Mayo, 사회학자)

당신의 말을 정말 잘 들어주는 누군가가 주변에 있는가? 말을 잘 들어주는 그 사람의 특징은 무엇인가? 그가 상대의 말에 온통 주의를 기울이고 있다는 것을 어떻게 느끼는가? 그 사람에 대한 당신의 느낌은 어떤가?

아는 사람이 백 명이라면 당신의 말을 정말 잘 들어주는 누군가는 한두 명에 불과할 것이다. 그런데 완전히 상대에게 주의를 집중해주는 것이 그로 하여금 자기 존재의 중요성을 깨닫게 하는 최고의 방법이라는 사실을 아는가? 주의 집중은 "지금 이 순간 당신은 세상에서 제일 중요해"라고 말해주는 것이나 다름없다.

하지만 대부분의 사람들은 너무 바빠서인지 완전한 주의 집중을 하지 못한다. 그렇게 남의 말을 제대로 듣지 않은 탓에 오해, 실수, 갈등, 상처, 불화 등이 빈번하게 일어나곤 한다.

> 분노의 대부분은 주의를 기울여달라는
> 울부짖음이다.
> ― 텅후 명언

이제 남들의 말을 정말 잘 듣기 위한 몇 가지 방법을 이야기해볼 것이다. 이 방법을 잘 활용한다면 논쟁을 사전에 예방할 수 있다. 사람들은 당신의 귀를 원하기 때문이다. 이미 화가 많이 난 사람이라 해도 이 방법을 통해 달랠 수 있다.

어떻게 그런 일이 가능하냐고? 사람들은 본래 관심을 끌기 위해 까다롭게 군다. 자신의 간절한 메시지가 제대로 전달되지 않았다고 느끼는 사람은 더더욱 강한 행동을 보이게 된다. 이를테면 고함을 지를 수도, 욕설을 퍼부을 수도 있는 것이다.

화난 사람에게 귀를 기울여라. 그러면 그는 저절로 목소리를 낮추고 이성적으로 굴 것이다. 주의를 집중시키기 위해 연기할 필요가 없기 때문이다. 아이작 뉴턴Isaac Newton도 '내가 무엇인가 가치 있는 발견을 했다면 그것은 다른 무엇보다도 주의를 집중한 덕분이다'라며 주의 집중의 중요성을 강조한 바 있다. 주의 집중을 통해 우리는 상대의 공격성에 가려진 진짜 이유를 발견할 수 있다. 제대로 이유를 찾았다면 해결 하는 것도 금방이다.

잘 듣는 능력을 개발하라. 그러면 거의 모든 인간관계가 개선된다. 더 좋은 상사, 더 좋은 부모, 더 좋은 배우자 및 친 구가 되는 것이다. 당신은 당신의 말을 정말로 잘 들어주는 사람에 대해 어떻게 생각하는가? 그가 내 곁에 존재한다는 것에 깊이 감사하지 않는가? 이제 당신도 다른 사람들에게 그런 존재가 되어보는 것이다.

> 미국인들의 대화란 먼저 숨을 들이쉬는 사람이
> 듣는 쪽이 되어버리는 치열한 경쟁이다.
> — 네이선 밀러(Nathan Miller, 정치인)

네이선 밀러가 말한 대로 사람들은 대부분 들으려 하지 않고 그저 자기가 말할 기회만 노린다. 무엇인가 말하고 싶 어 안달이 난 상황에서 남들의 말을 들어주며 기다리기란 사실 쉽지 않다. 가끔은 못 견디게 초조해지기도 한다.

　항공기 조종사였던 내 남편은 이런 상황을 '통신 마비'라고 부른다. 조종사가 무선 통신을 하면서 동시에 메시지를 주고받기란 불가능하다. 말하고 난 다음에는 들어야만 한다.

　무선 통신 상황을 우리의 일상적인 대화에 응용하면 어떨까. 'listen(듣다)'이라는 단어는 'silent(침묵하다)'와 같은 철자로 이루어져 있다. 내 말을 끝낸 후에는 '오버' 신호를 보내고 상대의 메시지를 받아들이도록 하자. 그리고 상대의 말 한마디 한마디를 새겨들어라. 상대가 말을 끝냈다고 신호를 보내면, 그 다음에 당신의 이야기를 하는 것이다.

Scene
41

리더십은
잘 듣는 것이다

감정을 느끼는 것처럼 연기하는 편이
연기하고 있다고 느끼는 것보다 편하다.

— 윌리엄 제임스(William James, 종교철학자)

상대가 말하려는 것보다 내가 말하려는 것이 더 중요하다는 생각을 바꿀 수 있을까? 상대의 말을 잘 듣고 싶은 기분이 들 때까지 기다리는 것은 좋은 답이 아니다. 그런 순간은 결코 저절로 오지 않기 때문이다. 다음에 소개하는 '3L'은 바로 잘 듣기 위한 비결이다.

Look(바라보기)

상대를 응시하라. 의사 겸 작가인 스콧 펙은 '상대의 말을 집중해 들으면서 동시에 다른 일을 하기란 불가능하다'라고 하였다. 하던 일을 중단하라. 종이와 펜을 손에서 놓아라. 이런 몸짓 자체가 '다른 건 나중에 해도 돼. 당신이 더 중요하니까'라는 의사 표현이다. 당신 자신에게도 이런 몸짓은 상대가 가장 중요하다는 점을 일깨워주는 방법이 된다.

Lift(눈썹 올리기)

눈썹을 올리고 눈을 맞춰라. 얼굴 표정을 풍부하게 하라. 멍한 표정은 무관심의 표현이다. 시선이 오락가락하면 마음 또한 오락가락한다. 상대의 얼굴에 초점을 맞추고 눈썹을 치켜 올리면 호기심도 함께 발동할 것이다.

Lean(앞으로 당겨 앉기)

몸을 의자 끝 쪽으로 당겨 앉아라. 상대에게 조금 더 다가가는 것이다. 이는 '당신을 위해 지금 내가 여기 있다'는 의사 표현이다. 그렇게 다가선 당신에게 상대가 갑자기 고함을 지르지는 못할 것이다. 다가감으로써 상대가 까다롭게 나오지 못하도록 만드는 셈이다.

― 린든 존슨(Lyndon Johnson, 전 미국 대통령)

워크숍에 참가했던 사람이 내게 다가와 말했다.

"저는 이제까지 몸짓 언어로 직원들을 소외시켜왔다는 걸 깨달았어요. 제 나름대로는 열린 대화를 해왔다고 자부했는데 말입니다. 형식적인 문은 열려 있었을지 몰라도 제 마음이 닫혀 있었던 겁니다. 직원들이 할 말이 있어 찾아올 때전 대체로 바쁘게 일하는 중일 때가 많죠. 그래서 무의식적으로 찾아온 직원들을 방해꾼 취급했던 것 같아요. 하던 일에서 억지로 시선을 떼고 직원을 바라보며 다그치듯 '왜요?'라고 물었거든요. 어서 빨리 할 이야기를 하고 내가 일을 계속하게 해달라는 메시지를 몸짓으로 전달했던 거지요."

이 경영자는 말을 이었다.

"앞으로는 오전 10~11시, 오후 3~4시를 직원들과의 대화 시간으로 정할까 봐요. 그러면 급한 일을 하다가 불쑥 찾아오는 직원들과 이야기해야 하는 부담이 없어지니까요. 정해놓은 시간만큼은 모든 일을 제쳐두고 대화에 집중할 겁니다."

나는 직원들을 배려하는 그 마음을 칭찬하면서 전에 들었던 설문 조사 결과를 알려주었다. 설문 내용은 다양한 업종에 종사하는 회사원들에게 '상사를 좋아하십니까?'라는 질문을 던지는 것이었다. 이 질문에 좋아한다고 대답한 사람들이 꼽은 첫 번째 이유는 '상사는 내 이야기를 잘 들어준다'였다. 반면 좋아하지 않는다는 대답의 주된 이유는 '상사가 내 이야기를 들으려 하지 않는다'였다.

상대가 내 말을 잘 듣고 있는지 그렇지 않은지 사람들은 금방 알아차린다. 누구든 상대의 주의가 산만한 모습을 보면 자기에게 관심이 없는 것이라 해석하게 된다. 그래서 말해봐야 아무 소용 없다고 체념한 채 대화를 포기하고 마는 것이다.

앞서 소개한 경영자는 직원들의 말을 듣는 데 시간을 할애하지 않는다면 직원들이 머지않아 소외감을 느끼고 사기도 떨어지며, 중요한 사항들을 대충 넘기게 될 수도 있음을 간파했다. 그리고 현명하게도 '귀를 활짝 열고' 직원들의 이야기를 경청하기로 마음을 먹었다. 먼저 주의를 집중함으로써 자칫 닥쳐올 수도 있는 회사의 위기 상황을 사전에 예방하게 된 것이다.

> 자신을 높이 올리고 싶다면 남을 높이 올려주어라.
> — 부커 워싱턴(Booker Washington, 미국의 교육자)

워싱턴의 말을 조금 바꾸어보자. 누군가를 높이 올리고 싶다면 자신을 낮춰야 한다. 어느 교사는 내게 이런 말을 들려주었다.

"어린 학생들로 하여금 선생님이 자기 말을 열심히 듣는다고 느끼도록 하려면 무릎을 굽혀야 합니다. 선생님을 올려다보는 상황에서는 자기의 속내를 털어놓기 어렵습니다. 자기와 같은 높이에 있지 않는 상대라면 자기 마음을 이해하지 못한다고 생각하게 되거든요. 무릎을 굽히고 눈을 맞추고 나면 학생들은 훨씬 더 솔직하고 자유롭게 자기 이야기를 하기 시작합니다."

회의나 토론을 이끌어나갈 때 아무도 입을 열지 않는 난감한 상황을 경험해본 적이 있는가? 당신만 혼자 서 있고 모두들 앉아 있다면 암묵적으로 '나는 윗사람이고 너희는 아랫사람'이라는 메시지가 전달되는 셈이다. 서 있는 자세 자체가 지배를 상징하는 것이다. 앉아 있는 사람들은 주눅이 들어 좀처럼 말할 엄두를 내지 못한다.

대화를 독려하고 싶다면 당신도 함께 자리에 앉아라. 눈높이가 같아지면 사람들은 훨씬 더 편안하게 자기 의견을 이야기할 것이다. 역할이 평등해진 덕분에 말하고 듣는 행동 모두가 적극성을 띠게 된다.

지금까지 남의 말을 들어줄 시간을 내는 데 인색했는가? "짧게 말해", "지금 말고 다른 때 오세요", "빨리 말해"라는 말을 자주 해왔는가? 다음번에 언제 그 사람을 다시 만나게 될 것 같은가?

이제는 5분 동안 상대에게 주의를 집중해주겠다고 결심하라. 그 5분간은 다른 모든 것을 마음에서 떨쳐버리고 상대를 세상에서 가장 중요한 존재로 생각하라. 3L을 동원해 잡념을 차단하라. 주의를 집중함으로써 상대가 스스로의 가치를 느끼게 하라. 그 5분이 듣는 둥 마는 둥 대했던 과거의 모든 상황을 보상해줄 것이다.

잘 듣기 위한
행동 전략

친구가 승진했다면서 점심을 샀다. 그리고 점심을 먹는 동안 내내 자기가 새로 맡은 일에 대해 신나게 이야기한다. 당신도 친구의 승진이 기쁘지만 오후에 잡힌 프로젝트 평가 일정 때문에 마음이 복잡하다. 어떻게 할 것인가?

 하지 말아야 할 **말과 행동**

친구가 말하는 동안 일 걱정을 한다 '상사가 뭐라고 이야기할지 걱정이군. 이번 프로젝트 평가 건으로 보너스를 못 받게 되지는 않을까?'

함께 점심 먹기로 한 것을 후회한다

'처음부터 바쁘다고 점심 약속을 거절해야 했어.'

곁눈질을 하다가 동료들이 식당에 들어오는 모습을 본다

'저 친구들은 내 프로젝트를 어떻게 평가하고 있을까?

표정이 썩 좋아 보이지는 않네.'

 ## 해야 할 **말과 행동**

친구가 당신에게 아주 중요하고 따라서 주의를 집중해야 한다고 다짐한다
'프로젝트 평가 건은 사무실에 돌아간 다음에 생각하면 돼.
지금은 친구 얘기를 듣는 데만 신경을 써야겠다.'
3L을 실천에 옮긴다 '몸을 바짝 당겨 앉고 눈썹을 살짝 올려야지.
그러면 더 열심히 들을 수 있잖아.'
시선을 친구의 얼굴에 고정한다 '이 친구가 승진하게 되어 정말 기뻐.
이 친구라면 충분히 그럴 자격이 있지.'

놀림을 피할 수 없다면
한패가 되어라

가치란 사회가 조직되고 운영되는 감정적 규칙이다.
가치를 세우지 못했다면 국가와 개인 모두 파멸할 것이다.
— 제임스 미치너(James Michener, 작가)

어떻게든 피하고 싶은 질문이 있는가? 생각만 해도 싫은 상황이 있는가? 그렇다면 유머 기법을 연마해보자. 곤란한 질문이나 상황이 찾아온 순간 내놓을 재치 있는 답변을 미리 준비하는 것이다. 더 이상 그 질문이나 상황을 걱정할 필요가 없도록 말이다.

샌프란시스코 공항을 바삐 걸어가고 있을 때 나는 바로 그런 유머 기법을 만났다. 키가 아주 큰 남자가 반대쪽에서 걸어왔는데, 몇몇 사람들이 그를 가리키며 키득대고 있었다. 처음에 나는 행인들이 너무 무례하게 행동하는 데 신경이 쓰였다.

하지만 남자가 가까이 다가오자 이유를 알 수 있었다. 남자의 티셔츠에 '아니오, 전 농구 선수가 아닙니다!'라는 문장이 있었던 것이다. 등 쪽에는 '그런데 당신은 왜 그렇게 키가 작지요?'라는 질문이 있었다.

나는 직접 이야기를 들어보아야겠다는 생각이 들어 남자의 뒤를 쫓아가 물었다. "이런 멋진 셔츠를 어디서 구했어요?"

남자는 활짝 미소 지으며 대답했다. "이런 셔츠를 서랍 가득 마련해두었어요. 제가 제일 좋아하는 것은 '제 키는 212센티미터이고 이 위쪽은 공기가 아주 맑습니다!'라는 말이 적혀 있는 셔츠랍니다. 전 열여섯 살부터 열여덟 살까지 거의 30센티미터가 자랐어요. 한때는 친구들에게 놀림받기 싫어 집 밖에 나가지도 않으려 했지요. 어느 날 어머니가 '놀림을 피할 수 없다면 너도 한패가 되렴'이라고 하셨지요. 그리고 이런 셔츠를 생각해내신 거예요. 이제는 저 또한 제 키가 크다는 사실을 재미있게 받아들이게 되었답니다."

브라보! 얼마나 현명한 대처 방식인가! 당신에게도 아픈 구석이 있다면 놀림받을까 봐 두려워하는 대신 먼저 나서서 유머로 대처하면 어떨까?

> "우리 부모님은 어떻게 아직까지도
> 자식의 약점을 찔러대는 걸까?"
> "그 이유야 간단하지. 애당초 약점을 만든 게
> 그분들이니까."
>
> — 길거리의 그림 낙서

자기 약점, 아픈 구석이 무엇인지 생각해보라. 누군가 건드리면 곧장 폭발하거나 기가 팍 죽는 부분이 어디인가? 야구 선수 요기 베라Yogi Berra는 '웃음이란 삶이 가하는 펀치를 받아내는 충격 흡수 장치'라고 말하기도 했다. 자, 주변에서 날아오는 펀치를 받아내기 위한 방법을 적극적으로 고안해보는 것은 어떤가.

텅후 워크숍에서는 늘 자기에게 벌어질 수 있는 최악의 상황에 대비하는 연습을 하곤 한다. 한 전문직 여성은 학력에 관한 질문이 제일 곤란하다고 털어놓았다.

"전 대학을 나오지 않았거든요. 한번은 기업 회의에서 발표를 끝냈는데, 누군가 큰 소리로 어느 학교를 나왔느냐고 묻는 거예요. 뭐라고 대답해야 할지 몰랐지요. 그러다 순간적으로 UHK를 나왔다고 했어요. 어리둥절한 청중들이 그게 어디냐고 되물었죠. 전 미소를 지으며 'University of Hard Knocks', 그러니까 고난과 시련의 인생 학교라고 설명했어요. 유머로 난관을 빠져나오는 방법을 찾아낸 거죠. 그다음부터는 언제나 그렇게 대답한답니다."

　나이가 지긋한 신사 한 분은 나이가 몇 살이냐는 질문이 제일 난감하다고 했다. "몹시 기분 나쁜 질문입니다. 내 나이가 몇 살이든 무슨 상관이지요? 그런 사적인 질문을 아무렇지 않게 던지는 건 무례한 일이에요."

　워크숍 참가자들은 머리를 맞대고 이에 대한 여러 가지 답변을 제안했다. 그리고 그 신사는 그중에서 "그저 후반 9홀에 있다는 것만 아시면 됩니다"라는 답변을 선택했다. 알고 보니 그는 골프광이었던 것이다.

　30대 중반의 부부는 "아이는 언제 낳을 건가요?"라는 질문에 넌더리가 나 있었다. 이 부부는 우리가 생각해낸 여러 가지 제안 중에서 "우리도 뭔가 빠뜨렸다는 건 안답니다!"라는 답변을 선택했다. 지나치게 사적인 질문에 대해서는 "그건 왜 물으시죠?"라고 되묻는 게 좋다는 의견도 나왔다. 이렇게 되물음으로써 상대가 이미 경계선을 넘었다는 사실을 알려준다는 것이다.

무례한 사람은
어디에나 있다

충격받기보다 즐기는 법을 터득하려면 한참 나이를 먹어야 한다.

— 펄 벅(Pearl S. Buck, 소설가)

펄 벅의 말에 전적으로 동의한다. 하지만 우리는 나이 먹은 후가 아니라 바로 지금 당장 듣게 되는 무례한 말에 대해서도 충격받기보다 즐기는 법을 익힐 필요가 있다. 세상에 무례한 사람들은 늘 있기 마련이다. 그들의 말에 돋친 가시를 피하려면 정신의 피부를 두껍고 단단하게 만들 필요가 있다.

"그동안 살이 많이 쪘다는 말을 들을 때 어떻게 해야 하나요? 상대가 절 보며 몇 킬로그램을 더 껴입었구나 하고 빈정거릴 때면 정말 슬퍼요"라고 하던 어느 여성의 목소리는 정말이지 애처로웠다.

상대의 말에 맞는 부분이 있다면 억지로라도 미소를 지으며 "그 말이 맞아요"라고 답한 뒤 화제를 돌려버릴 수 있다. "그래요, 전 다이어트에 문제가 있어요"라든지 "전 뚱뚱한 게 아니라 수평 지향적으로 타고났을 뿐이에요"라는 식으로 약간의 자기 비하를 덧붙일 수도 있다. 상대가 정말로 무례하다면 "우리 모두 그렇지 않은가요?"라는 공격적 질문도 해봄직하다.

핵심은 상대의 말에 말려들어가 두 번째, 세 번째 발언이 이어지게 하지 않는 데 있다. 잠시 입을 다물었다가 화제를 다른 곳으로 돌려 새로운 대화를 시작하는 것도 방법이다.

미국 국세청 직원들을 상대로 한 워크숍에서는 어느 직원이 내게 유머의 유용성을 절실히 깨달았다고 이야기한 적이 있다.

"우리를 만나러 오는 사람들은 거의 다 적대적이에요. 우릴 적으로 보는 거죠. 그런 태도에 발끈하는 대신 우리는 국세청을 놀림거리로 삼은 시사만화를 곳곳의 게시판에 잔뜩 붙여두었죠. 세무 공무원이 납세자를 상대로 '이걸 당신 돈이라고 생각하지 않는 게 비결입니다'라고 말하는 만화도 있었어요. 그런 만화를 본 사람들은 우리 역시 자기들과 같은 인간일 뿐이라는 걸 알았는지 태도가 훨씬 누그러졌답니다."

웃음의 힘을 배우기에 너무 늦었거나 너무 빠른 나이는 없다. 우리 가족의 성이 혼Horn, 뿔인 탓에 두 아들은 학교에서 끊임없이 놀림을 받았다. '뿔 나팔' 같은 별명은 달고 살다시피 했다. 우리는 그 상황을 벗어나기 위한 재치 있는 대답을 고민했다. 결국 찾아낸 대답은 "그건 우리 이름이야. 그러니까 얼마든지 실컷 불러줘"였다. 아들들은 얼마든지 부르라고 하자 오히려 그렇게 부르는 일이 없어졌다고 했다. 당신에게도 이런 식의 문제가 있다면 친구들과 함께 고민해보라. 그리하여 끔찍한 상황을 유쾌하게 바꾸기 시작하라.

> 입을 다물면 얻어맞을 일도 없다.
> ― 텅후 명언

정말로 무례하고 공격적인 말을 들었다면 굳이 대답할 필요도 없다. 왜냐고? 코미디언 밥 몽크하우스Bob Monkhouse의 말대로 '침묵은 금일 뿐 아니라, 잘못 인용되는 일도 없기' 때문이다. "그런 질문에는 대답하지 않겠습니다"라는 말조차 필요 없다. 애초부터 미끼를 물지 않아야 끌려다닐 일도 없는 것이다.

대신 화제의 방향을 돌리도록 하라. 텔레비전 심야 토크쇼에 출연했던 어느 여배우는 이 방법을 멋지게 써먹은 적이 있다. 진행자가 영화 출연 경력을 소개하면서 "모든 영화에서 섹시함을 강조하는 역할을 맡으셨군요?"라고 말한 것이다.

전국 시청자들의 이목이 집중된 15분을 고작 자신에 대한 부정적인 고정 관념을 굳히는 데 사용하고 싶지 않았던 그 여배우는 진행자와 언쟁을 벌이지 않았다. 대신 밝은 목소리로 "영화 이야기가 나와서 말인데 새 영화의 장면을 좀 보여드리고 싶군요"라고 응수했다. 진행자와 정면 대결을 피하면서 좀 더 건설적인 방향으로 적절하게 화제를 전환한 것이다.

유머가
우리를 구원한다

**웃겨주면 모두들 나를 좋아한다는 것을 나는 즉시 깨달았다.
그리고 그 교훈을 절대 잊지 않았다.**

— 아트 버크월드(Art Buchwald, 칼럼니스트)

〈포춘〉지가 선정한 유수의 기업들을 돌며 유머의 중요
성을 전파하는 짐 펠리는 유명한 강연자이다. 내 친구이기도
한 그는 〈웃으면 통한다〉라는 소식지도 발행하여 꽤 많은 고
정 팬을 거느리고 있다. 그가 그 소식지에서 들려준 어느 유
머러스한 비행기 승무원 이야기를 들어보자.

어느 날 장거리 비행기를 탄 짐 펠리는 전형적으로 까다
로운 승객 옆에 앉게 되었다고 한다. 그 승객은 끊임없이 불

평을 해댔다. 기내 반입용 가방이 짐칸에 들어가지 않는다고 투덜거리고, 가운데 줄의 가운데 좌석을 배정받았다고 신경질을 내고, 식사를 나눠주는 데 두 시간이나 걸린다고 인상을 찌푸리는 식이었다. 그런데 그렇게 오래 기다려서 받은 점심 식사가 달랑 샌드위치 하나였다. 그 승객은 한 입 베어 물자마자 접시 위에 뱉어내고 승무원 호출 버튼을 눌렀다.

승무원이 달려와 무슨 일이냐고 공손하게 물었다. 그 승객은 샌드위치를 흔들어대며 "이 샌드위치는 엉망이야!"라고 고함쳤다. 승무원은 승객과 샌드위치를 번갈아 바라보더니 샌드위치에 대고 손가락질을 하며 소리를 질렀다. "이 나쁜 샌드위치 같으니라고!"

순간, 까다로운 승객은 당황한 빛이 역력했다. 옆에 있던 짐 펠리는 참다 못해 결국 웃음을 터뜨리고 말았다. 잠시 후 그 승객도 따라 웃기 시작했고, 그 다음부터는 훨씬 고분고분해졌다.

짐 펠리는 나중에 그 승무원을 찾아가 이야기를 나누어보았다고 한다.

"그건 고전적인 방법이랍니다. 그렇게 생각하지 않으셨어요? 전 25년째 승무원으로 일하고 있지요. 까다로운 사람들을 다루는 법을 터득해야 한다는 생각을 일찌감치 해야 했어요. 비행기에는 늘 최소한 한 명씩 그런 승객이 탑승하니까요. 제대로 상대해주지 않으면 결국 다른 모든 승무원과 승객을 기분 나쁘게 만들거든요. 전 다른 승무원들에게도 곤란한 상황에 대한 대처 방법을 물어보았지요. 예를 들면 승객들의 연결 항공편 탑승 시간이 촉박한데 비행기 터미널 진입이 늦어지는 상황이라든지, 기계 결함 때문에 이륙을 포기하는 상황 같은 것이지요. 그리고 어떤 일이 닥치든 승객들에게 유쾌하게 응답할 수 있는 자료를 수집하였습니다. 이와함께 어떤 상황에서든 유머 감각을 잃지 않겠다고 스스로 결심했어요. 아무리 기분 나쁜 승객이라 해도 제 비행을 망쳐버리지 못하게 하는 거지요. 그 결심이 얼마나 고마운 것이었는지 모릅니다.”

마크 트웨인은 ‘유머는 가장 위대한 구원이다. 유머가 터지는 순간 짜증과 분노는 사라지고 다시금 유쾌한 기분이 찾아온다’라고 했다. 어떤 일이 닥치든 유머 감각을 잃지 않겠다고 당신도 결심할 수 있는가? 그렇게 결심한다면 머지않아 험악한 욕설을 내뱉는 대신 낄낄거리고 웃고 있는 자신을 발견하게 될 것이다.

> 삶을 슬퍼하기보다는 웃어버리는 편이
> 인간에게 더 어울린다.
> — 세네카

전국적인 규모의 강연자 대회가 끝나고 호텔 체크아웃을 하려고 기다리면서, 나는 우연히 전 상원의원 밥 머피Bob Murphy 옆에 서게 되었다. 그는 내가 아는 사람 중에 가장 재미있는 사람이다. 때마침 젊은 직원이 짐 가방 운반용 수레에 커다란 나무 화분을 싣고 지나가자 그는 "개가 룸서비스를 주문한 모양이군"이라고 중얼거렸다. 덕분에 나를 포함해 근처에 있던 사람들은 한참을 킬킬거렸다. 잠시 후 나는 어떻게 그런 재미있는 말들을 생각해내느냐고 물었다. 이에 대해 그는 "웃는 마음으로 세상을 바라보기만 하면 된답니다"라고 대답했다.

당신도 유머와 친해지는 것은 어떨까? '제대로 주위를 살피기만 한다면 삶은 코미디로 넘쳐난다'라는 배우 멜 브룩스Mel Brooks의 말은 백 번 옳다. 토크쇼에서 재치 있는 대화가 나온다면 눈여겨보고 기억하라. 코미디 프로그램이나 뉴스 만평을 보고 소리 내어 웃었다면 그 내용을 적어두어라(출처도 잊지 말고 기록하라). 실수를 저질렀다면 이를 과감하게 유머의 소재로 삼아라. 늘 웃을 일을 찾다 보면 스트레스를 받는 상황도 편안한 마음으로 받아들이고 넘겨버릴 수 있다.

곤란한 상황을 유머로 대처하기 위한
행동 전략

직장을 잃고 새 직장을 구하는 중이다. 몇 달 동안이나 이력서를 내고 면접을 본 끝에 마침내 두 군데에서 최종 면접까지 갔다. 하지만 아직 확정된 것은 없다. "그래, 직장 문제는 어떻게 되었어?"라는 질문을 한 번 더 받는다면 폭발해버릴 것 같다. 그런데 바로 지금 그 질문을 받았다면?

 하지 말아야 할 **말과 행동**

남들에게 상황을 맡긴다
'한 번만 더 그런 질문을 받게 되면 난 무슨 짓을 저지를지 몰라.'
불운을 과장한다 '난 영영 직장을 구하지 못할 거야.
그 많은 시간을 쏟아부었지만 아직 아무 성과도 없잖아.'
인생을 저주한다 '이런 빌어먹을! 곧 빈털터리 신세가 되고 말 거야!'

상대의 무신경함에 화를 낸다 '대체 이런 짜증 나는 질문에 뭐라 대답해야
하지? 직장을 구했다면 벌써 알려주었으리라는 걸 정말 모르는 거야?'

해야 할 **말과 행동**

상대의 말을 막아버릴 대답을 해준다 "'구걸 금지' 표시판을 집집마다 다니며
팔아보겠느냐는 제안이 있었지만 거절했지."
불운을 웃음거리로 만든다 "이렇게 빨리 은퇴할 계획은 없었는데 말이야.
그래도 좋은 점이 있어. 주중에 시간이 있으니 아들의 수영팀 코치를
해주게 되었거든."
유머 감각을 발휘한다 "빈털터리가 될 일은 없어. 마이너스 통장이
있거든."
같은 상황에 써먹을 수 있는 표현을 모아두었다가 활용한다 "오늘 아침에 어느
가게를 지나다 보니 '종업원 구함'이라는 종이와 '셀프서비스'라는
표시가 함께 붙어 있더군. 그래서 거기 들어가 내가 날 고용해버렸지."
(코미디언 스티브 라이트)

필요한 것은
해결책이 아니다

함께 내 문제를 의논해도 화가 나지 않는 사람들이 최고다.
― 텅후 명언

힘들다며 자기 고민을 털어놓기 시작하는 사람 앞에서 당신은 어떻게 하는가? 당장 위로하려 드는가?

꼭 기억해야 할 점이 있다. "그건 그렇게 나쁘기만 한 건 아냐"라든지 "우리 밝은 면을 보자고"와 같은 말들은 힘들어하는 상대를 북돋아주기보다는 섭섭하게 만들기 십상이다. "처음부터 완벽하게 해내려 들면 안 되지" 혹은 "내일이면 기분이 나아질 거야"라는 이성적인 분석도 상대의 기분을 망칠 수 있다. 슬픔과 고민에 빠진 사람은 해결책이 아닌 공감을 바라고 있기 때문이다.

> 아무도 조언을 바라지 않는다.
> 사실을 확인하고 싶을 뿐이다.
>
> — 존 스타인벡(John Steinbeck, 소설가)

　누군가를 걱정해줄 때 상담 치료사의 기법을 활용해보는 것은 어떨까? 상대의 문제를 바깥이 아닌 안쪽에서 바라보며 이야기하는 것이 이 기법의 핵심이다.

　상담 치료사의 기법은 상대의 말을 더 명료하고 확실하게 바꿔 말하는 과정을 포함한다. 다시 말해 상대의 생각이 움직이는 방향을 따라가는 것이다. 상담 치료사는 자기가 동의하는지 아닌지에 대해서는 말하지 않는다. 그저 탄성을 섞어 반복해줄 뿐이다.

　"전 친구가 하나도 없어요"라는 말을 들었을 때 "최소한 친구 하나는 있을 거예요"라고 대답한다면, 외로움을 덜어주기는커녕 아무도 자기 마음을 몰라준다는 원망만 불러온다. 이에 비해 상담 치료사는 상대가 스스로의 감정을 파악해가도록 돕는다. 방법은 상대의 감정을 축소하는 대신 거울처럼 그대로 비춰주는 것이다.

친구가 없다는 고민을 들은 상담 치료사는 이제 "친구가 하나도 없다고 느끼시는군요?"라고 되물을 것이다. 그러면 상대는 "그래요. 백 명도 넘는 사람들하고 한 사무실에서 일하지만 업무 때문이 아니라면 아무도 제게 말을 걸지 않아요. 전 마치 거기 존재하지 않는 것 같은 느낌이에요"라고 말한다.

이때에도 상담 치료사는 자기 반응을 섞지 않고 상대의 말을 반복해준다. "그러니까 직장 동료들이 당신한테 아무 관심을 보이지 않는군요?" "그래요. 동료들과 한데 섞이지 못하면 아예 거기 있지도 않는 것 같은 기분이 되는 거죠." 이런 과정을 통해 상대는 마침내 소외감과 고독의 감정을 풀어놓고 카타르시스를 느끼게 된다.

카타르시스란 '영적으로 새로워지거나 긴장에서 벗어나 정화되는 상태'를 뜻한다. 이는 또한 '콤플렉스나 두려움 등을 의식 차원으로 가져와 표현함으로써 떨쳐내는 것'을 의미하기도 한다. 기운을 북돋우거나 서둘러 해결책을 제시하려들지 않고 그저 상대의 말을 반복해줌으로써 상대가 문제를 똑바로 인식하게끔 돕는 것이다.

그리하여 공감해주는 사람에게 마음의 고통을 털어놓는 것만으로도 상담을 받는 사람은 긴장 상태에서 벗어나 상황을 해결할 준비를 갖출 수 있게 된다.

> **이해받는다는 것은 사치이다.**
>
> ─ 랄프 왈도 에머슨

내 아들 앤드류가 처음으로 안경을 쓰게 되었을 때 나는 상담 치료사 기법의 효과를 몸소 체험할 수 있었다. 앤드류는 눈물을 글썽이며 안과 문을 나서면서 "전 멍청이처럼 보일 거예요!"라고 중얼거렸다.

그때 난 하마터면 "그렇지 않아. 넌 멋있어 보일 거야"라고 말할 뻔했다. 하지만 그런 말은 아들을 위로하기보다는 반항심을 불러일으킬지도 몰랐다. 그래서 아들을 안심시키는 대신 나는 그 애가 한 말을 반복했다. "안경을 쓴 모습이 마음에 안 드니?" 아들은 울기 시작했다. "학교 애들이 전부 절 놀릴 거란 말예요."

텅후 기법을 알기 전이라면 당장 다음과 같이 아들을 위로하려 들었으리라. "앤드류, 바보 같은 소리 마. 학교 친구들은 네가 안경을 썼다는 것도 모를걸." 이런 객관적인 태도는 아들의 소외감을 더해줄 뿐인데 말이다. 이렇게 말했다면 아들은 곧장 입을 다물고 말았을 것이다. 대신 나는 "그러니까 학교 친구들이 네 안경을 가지고 놀릴까 봐 걱정이 되는구나?"라고 다시 되물었다.

"그래요. 꼭 안경을 써야만 하는 이유가 뭐죠?"

그래야 제대로 볼 수 있을 거라는 이성적인 대답이 제일 먼저 생각났다. 하지만 감정은 본래 비이성적이고, 논리에 따라 움직이지 않는 법이다. 왜 안경을 써야 하는가에 대한 설명은 짜증만 불러일으키리라. 나는 논리적 이유를 대는 대신 아들이 바라는 바를 짚었다. "안경을 쓰지 않았으면 하는 거니?"

"그래요." 아들은 한숨을 내쉬며 자기 마음을 진정시켰다.

집에 도착했을 때 아들은 날 꼭 안으며 고맙다고 말했다. 뭐가 고마우냐고 묻자 아들은 "다 아시면서요"라고 말하면서 어깨를 으쓱했다. 아마도 "가르치려 하지 않고 그저 제 말을 들어주어서 고마워요"라고 말하고 싶었던 것은 아닐까?

상대의 어려움을 함께하기 위한
행동 전략

막 둘째를 출산해 퇴원한 상태인데 큰아이가 시샘하면서 떼를 써댄다. 동생 때문에 지금은 동화책을 읽어줄 수 없다고 하니 울음을 터뜨리며 "엄마는 동생만 좋아해!"라고 외친다. 이 상황을 어떻게 해결해야 할까?

🙁 하지 말아야 할 **말과 행동**

서둘러 아이의 말을 반박한다 "그렇지 않다는 걸 너도 잘 알잖니."
위로하려 하면서 반발을 불러일으킨다 "바보 같은 소리 말아라.
너하고도 충분히 많은 시간을 보내고 있어. 어제는 함께 놀이터에도
가지 않았니?"
이유를 제시해 화나게 만든다
"아기들은 혼자 할 수 있는 게 없으니까 손이 많이 간단다."

어떤 감정을 느껴야 하는지 훈계한다 "네가 원할 때마다 다른 일을 다
내던지고 함께 놀 수는 없단다. 그걸 알아야지."

 해야 할 **말과 행동**

아이의 말을 반복한다

"엄마 아빠가 너보다 동생을 더 사랑한다는 생각이 드는 거니?"

바꿔서 다시 표현해본다

"내가 너한테는 충분히 시간을 내주지 않는다고 느끼는구나?"

아이의 바람을 표현해준다

"전처럼 우리가 함께 많은 시간을 보냈으면 하는 생각이 드는구나?"

아이가 원하는 바를 구체적으로 제시한다

"네가 좋아하는 책을 함께 읽을 수 있도록 시간을 좀 내달라는 거지?"

Scene
46

"그 말이 옳습니다"라는
마법의 표현

인간이 언어를 가지게 된 건 불평을 터뜨리고 싶어 하는
크나큰 본능 때문이 아닐까?
— 제인 와그너, 릴리 톰린(Jane Wagner & Lily Tomlin)

누군가 불만을 터뜨릴 때 당신은 어떻게 하는가? 상대가
원하는 대로 해주지 못하는 이유가 무엇인지 장황하게 설명
하는가? 일반적으로 사람들은 바로 이렇게 반응하는 편이
다. 그리고 이런 반응은 상대의 불평을 누그러뜨리기보다 오
히려 악화시키기 일쑤다. 왜냐하면 설명은 곧 변명으로 받아
들여지기 때문이다. 게다가 설명이 충분치 못하다는 생각에
불만은 한층 커진다.

직장에서 전화벨이 울려 수화기를 들었다고 하자. 곧바로 고객의 불평이 쏟아져 나온다. "대체 거긴 사업을 어떻게 하는 거요? 3주 전에 카탈로그를 부탁했는데 아직도 못 받았어요. 왜 이렇게 오래 걸리는 거죠?"

이때 고객은 왜 그렇게 시간이 오래 걸리는지 알고 싶어 하는 것이 아니다. 전화기에 대고 "직원들 몇 명이 독감으로 결근을 하는 바람에 일이 밀려버렸습니다"라고 대답한다면 고객은 이를 변명으로 받아들일 뿐이다. 그러면서 "당신네 사무실 직원들의 건강 이야기를 하자는 게 아니오! 나한테 카탈로그를 보낼 건지 안 보낼 건지 알려달란 말이오!"라고 말할 것이다.

> **설명하는 것처럼 큰 시간 낭비는 없다.**
> — 벤저민 디즈레일리

지금부터는 누군가의 불평을 듣게 되면 그 말이 사실인지 아닌지 생각해보라. 그리고 어쨌든 사실이라면 "그 말이 옳습니다"라는 마법의 표현을 동원하라.

화난 사람들은 대개 나름의 논리적인 이유를 갖고 있다. 그럴 때는 뭐가 잘못되었는지 구구절절 확인하기보다 그 말을 인정하고 어떻게 해결해야 할 것인지를 말하는 편이 훨씬 효과적이다. 설명은 입씨름을 연장시키는 반면, 동의와 인정은 입씨름을 막아준다.

불평에 대해 설명으로 대응하는 것은 백해무익하다. 여기서 필요한 것이 '3A 방식'이다.

> 아무리 큰 실수를 저질렀다 해도
> 돌이켜보고 회복할 수 있는 순간은 있기 마련이다.
> ─펄 벅

최근 우연히 '3A 방식'의 효과를 목격할 기회가 있었다. 예약을 하고 병원에 갔는데 대기실이 온통 만원이었다. 간신히 빈자리를 찾아 앉아 한 시간을 꼬박 기다렸지만 대기인 수는 도무지 줄어들 기미가 없었다. 신문이며 잡지를 뒤적이다가 하품을 하며 연신 시계를 쳐다보던 뚱한 표정의 한 남자가 결국 일어나 접수대로 다가갔다.

"네, 손님, 무슨 일이시죠?" 접수 직원이 물었다.

"대체 어찌 된 거요? 3시 예약을 했는데 4시가 되도록 아직 의사 얼굴도 못 봤단 말이에요."

진료가 지연되는 이유를 설명하는 대신 접수 직원은 바로 3A 방식을 도입했다.

Agree(동의하기)

"손님 말씀이 옳습니다. 3시 예약이 맞습니다."

Apologize(사과하기)

"이렇게 오래 기다리시게 해 죄송합니다. 수술이 길어지는 바람에 의사 선생님이 외래 진료를 못 하고 있습니다."

Act(행동하기)

"제가 수술실 쪽에 연락해 얼마나 걸릴지 알아보겠습니다. 양해 부탁드립니다. 다시 한 번 죄송합니다."

남자는 더 이상 불평하지 못하고 자리로 돌아올 수밖에 없었다. 잘못을 인정하고 사과하는 상대 앞에서 대체 무슨 말을 더 할 수 있겠는가?

> 왜 잘못되었는지 설명하는 시간보다는
> 해결하는 시간이 더 짧은 법이다.
> — 헨리 워즈워스 롱펠로(Henry Wadsworth Longfellow, 시인)

그렇다. 변명하지 말고 곧바로 행동에 나서라. 어째서 잘못되었는지 길게 설명하면서 시간을 보내지 말고, 그 시간에 일을 바로잡는 것이다! 워크숍에서 내가 이 말을 하자 한 신사가 허탈한 웃음을 지었다.

"지난 금요일에 이걸 알았어야 했는데 말입니다. 그날 함께 저녁을 먹기로 하고 아내를 데리러 갔지요. 제시간에 출발하긴 했지만 길이 꽉 막혀 보통 때보다 시간이 세 배나 더 걸렸어요. 길에 나와 기다리던 아내는 멀리서 볼 때부터도 몹시 화난 모습이었지요. 마침내 차를 세우자 아내는 '대체 어디 있었던 거예요? 5시 30분에 온다고 했잖아요!'라고 소리를 빽 질렀어요. 난 내 잘못이 아니라고, 나도 막히는 길을 운전해 오느라 힘들었다고 대답했지요. 아내는 한층 더 화가 나서 '길이 막혔는지 어떤지를 내가 어떻게 알겠어요? 당신이 약속을 잊어버렸는지, 아니면 무슨 사고가 생겼는지 걱정되어 죽을 뻔했어요'라고 하더라고요."

그는 당시를 떠올리며 계속해서 말했다.

"우리는 계속 말다툼을 벌였고, 결국 전 폭발해 아내더러 차에서 내리라고 고함을 질렀지요. 기대했던 저녁 식사가 엉망이 된 겁니다. 그때 3A를 알았더라면 전 '당신 말이 맞아요. 5시 30분에 오기로 했지요. 기다리게 해서 미안해요. 고속도로에 사고가 났는지 완전히 막혀 있었는데, 이제부터 당신하고 약속했을 때는 길이 막혀도 제시간에 도착하게끔 더 일찍 출발할게요'라고 말했을 텐데요."

최소한 상대의 분노를
인정해주어라

**대부분의 사람들은 문제를 해결하기보다는
문제 주위를 어슬렁거리는 데 더 많은 시간과 에너지를 쓴다.**
— 헨리 포드(Henry Ford, 기업인)

누군가 불만을 터뜨릴 때 무조건 3A 방식에 따라 인정하
고 받아들여야 하는가? 물론 아니다. 경찰 공무원이라는 워
크숍 참가자는 3A 방식에 반박했다.

"우리 잘못이 아니어도 사과하라는 겁니까? 어제 저한테
면허 갱신을 받으러 왔던 남자는 보험증을 가져오지 않았기
때문에 갱신을 받지 못했어요. 그러자 저에게 대고 미친 듯
이 화를 내더라고요. 신청 작업을 처음부터 다시 해야 한다

면서요. 이게 말이 됩니까? 필요한 서류가 무엇인지는 충분히 안내가 된 상황이라고요. 전 절대로 미안하다고 사과할 수 없어요. 제대로 준비하지 않은 건 그 남자니까요."

나는 이렇게 대답해주었다.

"물론 무조건 사과하라는 뜻은 아니에요. 다만 최소한 상대의 분노를 인정해주는 편이 유리하다는 거죠. '서류를 제대로 준비하지 않은 건 내가 아니라 당신 잘못이에요'라고 이야기해봤자 상대는 더 크게 화를 낼 뿐입니다. 그러면 당신이 받을 스트레스도 더 커지겠지요. 대신 이렇게 말하면 어떨까요? '서류가 빠진 것이 정말 화나는 일이라는 건 압니다. 지금 이 양식만 써두고 가시면 제가 내일까지 기다려드리겠어요. 저희가 제일 한가한 시간이 오후 2~3시이니 내일 그 시간에 보험증을 가지고 한 번 더 나오시면 어떨까요? 그럼 제가 확인하고 바로 집어넣겠습니다'라고요. 이렇게 말씀하셨다면 상대가 어떻게 대답했을까요?"

그 경찰 공무원은 "제 얼굴에 대고 소리 지르는 일을 그쳤겠지요"라고 대꾸했다. 그렇다. 바로 그것이 원하는 결과가 아닌가!

3A 방식의 효과를 체험한 사람은 무수히 많다.《피터 팬》의 작가 제임스 매튜 배리James Matthew Barrie는 '남의 삶에 햇살을 비추는 사람은 스스로도 햇살을 받기 마련이다'라고 하였다. 벌어진 상황에 대해 안타까워하는 것은 잘못을 인정하는

것이 아니라, 공감하고 동정한다는 뜻이다. 반면 "그건 당신 문제니 난 상관할 바가 아니오"라는 식으로 나간다면, 화가 난 상대는 결국 나한테까지 문제를 확대시키고 만다.

응급 구조 서비스 담당자들을 대상으로 텅후 워크숍을 열었을 때 한 참여자는 "우리 규칙은 절대로 사과하지 말라는 겁니다. 그랬다가는 책임을 덮어써야 하거든요. 어제만 해도 물에 빠진 사람을 구조해 옮기던 중에 구급차에서 사망하는 일이 있었지요. 사망자 가족은 우리를 원망하더군요. 하지만 거기에 동의하면서 편을 들 수는 없지 않나요?"라고 반박했다.

중요한 지적이다. 하지만 이런 경우 상대의 오해를 풀어주는 것이 무슨 소용이 있을지 생각할 필요가 있다. 사실 자체가 중요한 상황이 아닌 것이다. 논쟁한다고 이미 벌어진 일을 돌이킬 수는 없다. 불평하는 사람에게 동의하기 어려운 경우에는 최소한 그 감정을 인정하고 그에게 뭔가 도움이 되는 행동을 하는 것이 좋다. 그러니까 "우리도 어쩔 수 없었습니다. 병원에 도착했을 때 이미 사망한 상태였으니까요"라고 말하는 대신, 다음과 같이 가족을 위로하는 것이다.

인정하기 "어떻게 위로의 말씀을 드려야 할지 모르겠습니다."
행동하기 "어떻게 도와드리면 좋을까요? 다른 분께 연락하는 걸 도와드릴까요?"

> **핑계를 찾지 말고 도움을 주어라.**
> — 프랭크 허바드(Frank Hubbard, 하프시코드 제작자)

　인정하고 행동하는 2단계 방법을 실천하면 상대의 감정을 가라앉히고 감정을 폭발시키는 상황을 예방할 수 있다. 어떻게 했어야 했는지, 왜 그렇게 못했는지를 따지는 대신 이제 어떻게 해야 하는지에 초점을 맞추는 것이다.

　최근 나 자신도 이 2단계 방법의 덕을 보았다. 토요일이었는데 저녁에 친구 부부가 오기로 되어 있었다. 5시 30분에 남편이 퇴근해 집에 들어서면서 집안 꼴을 보더니 "완전 쓰레기통이군"이라고 한마디 했다.

　텅후가 아니었다면 나도 발끈해 "애들 친구들이 하루 종일 놀다 갔다고요. 전화벨도 하루 종일 울려댔고 나도 볼일 때문에 나가야 했고요……"라고 푸념을 시작했으리라. 아무 소용도 없는 변명 말이다. 나는 그 대신 "당신 말이 맞아요. 집안이 온통 쓰레기통이네요. 내가 물건을 치울 테니 당신이 청소기를 좀 돌려줘요. 그럼 곧 정리가 될 테니까"라고 말했다.

　그리고 문제는 해결되었다.

불평을 즉각 그치게 하는
행동 전략

당신은 식당에서 일하고 있다. 바쁜 저녁 시간에 한 손님이 당신을 부르더니 이렇게 불평한다. "이봐요, 웨이터, 스페셜 메뉴라고 해서 신선할 줄 알고 주문했거든요. 그런데 연어가 아직도 얼어 있군요. 물 밖으로 나온 지 아주 오래된 연어인 모양이에요." 당신은 어떻게 답하겠는가?

😟 하지 말아야 할 **말과 행동**

이유를 설명한다 "오늘 신선한 연어가 들어오기로 되어 있었습니다만 시장에 물건이 나오지 않아 냉동 연어를 썼습니다."

입씨름을 연장한다 "요리사 말로는 냉동이긴 해도 아주 신선하다고 했습니다. 맛 차이가 거의 없다고요."

책임을 회피한다 "이건 제 잘못이 아닙니다. 재료가 없다면 매니저가 알아서 메뉴를 조정해야 했던 거지요."

280

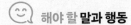 **해야 할 말과 행동**

손님의 말이 사실인지 생각해보고 그렇다면 인정한다

"손님 말씀이 옳습니다. 메뉴에는 신선한 연어라고 되어 있습니다."

사과하고 입씨름을 끝내려는 노력을 한다 "기대하셨던 요리를 드리지 못해
죄송합니다. 원하시는 다른 메뉴로 바꿔드리겠습니다."

감사 인사를 전한다 "이렇게 말씀해주셔서 감사합니다. 저희는 식당을
찾으신 모든 분이 요리에 만족하고 다시 찾아주셨으면 하거든요."

합리적인 규칙이
중요하다

논쟁에 두 측면이 있다는 점을 생각지 못하는 사람은
분명 어느 한 측면에 선 사람이다.
― 텅후 명언

혼자 운전을 하고 있는데 갑자기 차선, 신호등, 횡단보도
나 도로 표지판 등이 몽땅 사라져버린다고 상상해보라. 어떻
게 될까? 그 누구도 안전하지 못한 대혼란 상태가 될 것이다.

대부분의 인간 활동은 규칙에 따라 이루어진다. 도로 운
전 규칙 덕분에 우리는 불과 몇십 센티미터 떨어진 곳에서 차
들이 반대 방향으로 씽씽 달리는 와중에도 두려움을 느끼지
않는다. 모든 운전자가 규칙을 지키리라 기대하기 때문이다.

스포츠에도 규칙이 있다. 권투 선수가 마구잡이로 상대를 때리는 것처럼 보이는가? 여기에도 뒤통수나 벨트 아래는 때리면 안 되고, 공이 울린 후에는 상대를 칠 수 없다는 등의 규칙이 엄격히 지켜지고 있다.

그런데 놀랍게도 대화에는 규칙이 없다. 무엇이 허용되고 무엇이 허용되지 않는지 합의된 틀이 없는 것이다. 그래서 무슨 일이든 일어날 수 있다. 남이 말하는데 끼어들고 대화를 독점하는가 하면, 어떤 개인에 대해 치명적인 공격을 가하기도 한다. 행동의 표준이 없는 상황, 앞서 인용한 제임스 미치너의 말을 빌자면 모두가 파멸할 수도 있는 상황이다.

> **현실은 정글이다. 신호등도, 이정표도,**
> **경계선도 없다.**
>
> — 헬렌 헤이스(Helen Hayes, 배우)

장기적 관계를 원만하게 유지하려면 처음부터 대화의 규칙을 정해두는 것이 좋다. 연인, 직장 동료, 가족과 무엇을 허용하고 무엇을 허용하지 않을지 의논하라. 그리고 이를 잘 지키기 위해서는 사전 합의가 필요하다.

결혼하면서 '부부 싸움이 벌어져도 절대 이혼이라는 말을 입에 올리지 않는다'라는 규칙을 만들면 좋다고 이야기하자 워크숍 참가자들 중에는 이마를 치면서 "진작 그렇게 해야 했는데!"라고 탄식하는 이들이 적지 않았다.

싸움이 계속되는 상태에서 잠자리에 들지 않는다든지, '바보 멍청이'라는 말은 하지 않는다든지, 오래전 일을 들춰내지 않는다든지 생각해보면 여러 가지 유용한 규칙들이 많다. 상대가 규칙을 어기기 일보 직전임을 알려주는 암호(예를 들면 '아이쿠', '경계경보')를 정해두는 것도 좋다.

> 국가 사이와 마찬가지로 사람 사이에도
> 권리의 존중이 평화를 이끈다.
>
> — 베니토 후아레즈(Benito Juarez, 전 멕시코 대통령)

가장 민감한 주제가 다루어질 때에도 평화가 유지될 수 있게 하는 세 가지 규칙을 더 정리해보자.

1. 남의 의견에 대해 부인하지 않기

"그건 사실이 아닙니다" 혹은 "실제 상황은 그렇지 않습니다"라는 식의 발언은 하지 않는다. 상대가 틀렸다는 말은 화만 돋우기 때문이다. 이런 때일수록 '저'라는 주어를 동원한 외교적인 표현이 필요하다. 예를 들어 "저는 그 생각에는 동의하지 않습니다"라거나 "실제 상황에 대해 저는 다른 의

284

견을 가지고 있습니다"라고 말하는 것이다. 차이를 알겠는가? '저'를 사용하면 상대를 개인적으로 공격하지 않고 내 입장을 밝힐 수 있다.

2. 낮은 목소리 유지하기

고함지르는 것은 삼가라. 이성적인 토론을 진행하기 위해 이는 아주 중요한 규칙이다. 작가 스탠리 호로비츠Stanley Horowitz는 '목소리를 높이는 것은 대화 수준을 떨어뜨리는 지름길'이라고 했다. 목소리가 커지면 그만큼 듣는 데는 신경을 쓰지 않게 된다. 낮은 목소리로 이야기해야 공정한 상호 작용이 가능하다.

3. 과거보다 미래에 초점 맞추기

앞서 이미 언급했던 개념이다. 어떻게 했어야 했는지, 그렇게 하지 못했던 이유는 무엇인지 후회하며 시간을 보내는 대신, 어떤 행동을 해야 하며 어떻게 상황을 좀 더 개선할 것인지 논의하는 것이 합리적이다.

> **인간이 천사라면 정부는 필요 없었으리라.**
> — 제임스 매디슨(James Madison, 전 미국 대통령)

모두가 서로에게 예의를 갖출 것으로 확신한다면 규제

따위는 필요 없다. 하지만 안타깝게도 어느 집단에든 한두 명의 막무가내형 인간이 섞여 있기 마련이다. 기회만 있으면 남들의 생각은 아랑곳없이 자기주장만 내세우는 사람들 말이다. 바로 이 때문에 규칙이 필요하다.

여기서 40층짜리 고층 아파트에 사는 내 친구의 경험담을 들어보자.

"우리 아파트 입주자 회의는 늘 아수라장이었어. 그래서 많은 입주자들이 아예 참석하지도 않으려 했지. 작년에는 사회를 보던 입주자 대표가 더 이상 참지 못하고 벌떡 일어나 모두 조용히 하라며 의사봉을 쾅쾅 쳐댔는데, 정말 끔찍했어. 네가 보내준 텅후 소식지를 읽고 난 곧바로 입주자 대표에게 가서 전문 진행자를 불러오자고 제안했어. 이사진의 회의 결과 그렇게 하기로 결정됐고, 얼마 전 진행된 회의는 아주 매끄럽게 흘러갔지. 진행자는 우선 참석해주어 고맙다는 인사를 하고 회의 안건과 진행 규칙을 정리했어. 그리고 토론이 잘 이어지도록 했지. 그랬더니 불과 두 시간 만에 끝이 나더군. 작년에는 다섯 시간이 걸렸는데 말이야. 누군가 돌출 행동을 하면 진행자는 곧 규칙을 상기시켰어. 덕분에 개인에 대한 공격은 곧 사안에 대한 논의로 바뀌었지."

합리적인 규칙을 부여하기 위한
행동 전략

당신은 학부모 회의를 진행하게 되었다. 학교 측에서 재정난을 이유로 졸업식을 취소하겠다고 발표한 직후인 만큼 설전이 예상된다. 어떻게 회의를 끌고 나가야 할까?

😞 하지 말아야 할 **말과 행동**

먼저 교장 선생님이 졸업식 취소 결정을 설명하도록 한다

"교장 선생님께서 잠시 일어서서 졸업식이 왜 취소되었는지 설명해주십시오."

분노한 학부모들이 교장의 말을 끊고 고함을 지른다

"이러시면 안 됩니다. 자리에 앉아 차례를 기다렸다가 말씀하십시오."

몇몇 부모들이 자기들끼리 수군거리고 당신은 속으로 생각한다

'무례한 사람들이야. 이 불쌍한 교장에게 말할 기회도 주지 않는군.'

☺ 해야 할 **말과 행동**

환영 인사를 하고 규칙을 정하는 것으로 회의를 시작한다

"오늘밤 이렇게 와주셔서 감사합니다. 중요한 안건을 공정하게
다룰 수 있도록 먼저 회의 규칙을 정하도록 하겠습니다."

규칙을 상기시키고 정중하게 부탁한다 "아버님, 잠시 후에 말씀하실 기회를
드리겠습니다. 일단 교장 선생님이 말씀을 끝내도록 해주십시오."

손을 올려 연사가 말을 멈추게 하고 모두들 조용해질 때까지 기다린다

"죄송합니다, 교장 선생님. 모두가 주목할 때까지 기다리도록
하겠습니다."

Scene
49

말싸움을 말려야 할 때
필요한 것

말은 파괴력을 지녔다. 서로를 어떻게 부르는지가
궁극적으로 서로를 어떻게 생각하는지를 결정한다. 이는 매우 중요하다.
— 진 커크패트릭(Jeanne Kirkpatrick, 정치인)

말싸움을 말려야 하는 입장이 되었다면 어떻게 하겠는가?

호놀룰루 경찰관들을 대상으로 텅후 워크숍을 진행할 때 어느 경찰관은 부부 싸움을 진정시키는 비결을 공개했다. 신고를 받고 출동하면 부부는 대개 극도로 흥분한 상태이다. 그리고 둘 사이에 어떤 일이 벌어졌는지 서로 다른 얘기를 앞다투어 늘어놓기 마련이다. 감정은 한껏 고조되고 인내심은 이미 바닥나 있다.

이럴 때 그 경찰관은 수첩을 꺼내 들고 "자, 한 분씩 말씀하십시오. 먼저 부인께서 어찌 된 일인지 설명해보십시오"라고 말한다고 한다.

> **토론이 지식의 교환이라면**
> **말싸움은 감정의 교환이다.**
> ― 로버트 퀼런(Robert Quillen, 유머작가)

그 경찰관의 설명을 더 들어보자.

"말싸움을 벌이는 사람들이 계속 고함만 질러대도록 둔다면 얻을 수 있는 것은 하나도 없습니다. 그러나 처음부터 차근차근 무슨 일이 일어났는지 기록하는 모습은 당사자들이 말을 멈추고 정황을 생각해보도록 합니다. 고함지르고 욕하는 대신 설명하고 보고하는 입장이 되니까요. 감정적인 상태에서 이성적인 상태로 옮겨가는 셈이지요."

그는 이런 말을 했다.

"또 자신이 내뱉은 거친 말을 누군가 그대로 옮겨 적는다고 생각하면 말하는 것도 신중해지지요. 험악한 말이 기록되면 자신에게 이로울 것이 없다는 사실을 깨닫게 되는 겁니다. 같은 말을 끝없이 되풀이하는 일도 막을 수 있습니다. 누군가 했던 이야기를 늘어놓으면 저는 '아, 그건 이미 적어놓았습니다. 그 다음에는 어떻게 되었지요?'라고 말합니다. 또 기록을 마친 후에는 큰 소리로 읽어줍니다. 제대로 자기 이야기가 전달되었는지 확인하도록 하는 거지요."

> 거친 행동은 약한 사람이 강한 사람을
> 흉내 내는 것에 불과하다.
> — 에릭 호퍼(Eric Hoffer, 작가)

워크숍에 참가했던 한 부인도 역시 변호사가 전 남편이 못살게 굴면 기록을 남기라고 조언했던 이야기를 들려주었다.

"제 전 남편은 성질이 불같았어요. 무엇 때문에 벌컥 화를 낼지 몰라 전 늘 전전긍긍했지요. 제가 대들라치면 남편은 한층 더 폭력적으로 변해 결국 굴복하게 만들었어요. 변호사는 늘 펜과 종이를 가지고 다니면서 남편이 하는 말을 적어두라고 하더군요. 그래서 다음에 남편이 고함을 지르기 시작하자 전 공책을 꺼냈어요. 남편은 무슨 짓이냐고 펄펄 뛰었지만, 전 침착하게 '당신이 하는 말을 적어두어야 해요'라고 대답했지요. 남편은 그 기록이 이혼 법정에서 불리하게 작용하리라 생각했는지 입을 다물었고, 그다음부터는 난폭하게 굴지 않았어요."

극단적인 상황에 처해 있던 이 부인의 이야기는 기록의 유용성을 잘 드러낸다. 물론 기록하기가 꼭 처벌을 위한 것만은 아니다. '당신이 하는 말이 불리하게 사용될 수 있다'는 신호를 보내는 것만으로도 사람들은 훨씬 더 공손해진다.

최근 공항에서 나도 이런 경험을 했다. 비상등을 켜고 정차하려 하는데 잔뜩 화난 표정의 공항 직원이 다가와 유리 창문을 쾅쾅 두드리며 고함을 쳤다. "어서 차를 이동하십시오. 여기 세우면 안 됩니다." 나는 금방 남편이 내려 짐 가방만 꺼낸 뒤 차를 이동시키겠다고 말하려 했다. 하지만 그 순간 공항 직원은 또다시 "그런 설명은 필요 없어요! 당장 빼란 말이야! 주정차 금지 표지판이 안 보이쇼?"라고 외쳤다.

차량 관리 일이 힘들다는 것은 이해하지만 그렇게 목청을 높여 반말까지 해대는 것은 용납할 수 없었다. 난 가방에서 펜과 종이를 꺼낸 후 낮은 목소리로 물었다. "죄송합니다만, 지금 뭐라고 하셨지요?" 우리의 시선이 부딪쳤다. 공항 직원은 불친절 사례로 고발당하고 싶지 않았는지 곧 표정을 바꾸었고, "어서 짐을 내리고 차를 이동시키십시오"라는 말만 남긴 뒤 자리를 떠났다.

> 절망의 해독제는 행동이다.
>
> — 존 바에즈(Joan Baez, 가수)

존 바에즈의 말을 조금 바꿔보자. 무례함의 해독제는 기록이다. 워크숍에 참가했던 어느 기업의 인사 담당자는 불법적인, 혹은 부당한 행동을 기록하는 것이 얼마나 중요한지 거듭 강조하였다.

"한 직원이 다른 직원이나 상사에 대해 불만을 늘어놓는다고 합시다. 상황이 발생한 날짜, 시간, 했던 말이나 행동이 기록되지 않는다면 제가 나서기 어렵습니다. 고객이나 동료 직원을 부당하게 대하는 사례를 본다면 달려가 상사에게 보고하기 전에 기록하십시오. 그렇게 하지 않는다면 주관적인 판단이 되고 마니까요. 언제 누구에게 어떤 말을 했는지 기록해야 처벌할, 혹은 개선할 대상이 분명해집니다."

교사라는 다른 참가자도 여기에 동의했다.

"학생이 잘못된 행동을 하면 부모님께 전화를 걸어 알려드립니다. 그러면 자기 아이를 무조건 옹호하며 저한테 화를 내기 일쑤지요. 그래서 이제 저는 무슨 일이 일어났는지 상세히 적어 아이 손에 들려 보냅니다. 기록은 객관적인 자료가 되기 때문에 학부모들도 저한테 항의하기보다는 사실 자체에 초점을 맞추더군요."

말싸움을 말리기 위한
행동 전략

혼자 운전하고 가다가 접촉 사고 현장을 목격했다. 도움이 필요할까 싶어 속도를 늦추고 살펴보니 두 운전자는 모두 당신의 이웃이다. 목소리를 높여 싸우고 있는 두 사람을 말려야 할 상황이다. 어떻게 하겠는가?

 하지 말아야 할 **말과 행동**

이성에 호소하며 진정시키려 한다 "자, 두 분 다 그만두십시오.
서로에게 고함을 질러봤자 얻을 것은 없습니다."

두 사람은 욕설을 계속한다
"두 사람 다 입 다물라고요! 이러면 상황만 악화될 뿐입니다."

두 사람은 점점 목소리를 높이며 같은 말을 계속 반복한다 "이봐요, 당신은
아무 잘못 없다는 그 말을 지금 열 번은 되풀이한 것 같아요."

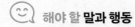 해야 할 **말과 행동**

기록을 시작한다

"자, 한 분씩 말씀하십시오. 먼저 이쪽에서 상황을 설명해보십시오."

싸우며 내뱉었던 말을 확인시킨다

"방금 한 말을 다시 반복해주시겠습니까?

제가 제대로 적었는지 확인하려고요."

같은 말을 반복하지 못하도록 한다

"좋습니다. 그 내용은 이미 기록했습니다. 그다음에 어떻게 되었지요?"

닫힌 마음이
가장 끔찍한 감옥이다

편견이란 무엇인가? 이성에 근거하지 않은 의견, 양쪽의 의견을 듣지
않고 내린 판단, 곰곰이 따져보지 않은 감정이 그것이다.

— 캐리 채프만 캐트(Carrie Chapman Catt, 여성 권리 운동가)

멀리서 보기만 해도 다른 길로 돌아가고 싶게 만드는 지긋지긋한 사람이 있는가? 이름이 거론되기만 해도 기분 나빠지는 사람은?

다음 예를 보면 남을 바라보는 우리의 눈이 얼마나 편견에 차 있는지 알게 될 것이다. 영화배우 로렌스 올리비에 Laurence Oliveier 경은 아카데미 특별상을 수상하면서 간단한 연설을 했다. 청중들은 아주 훌륭한 연설이었다고 생각했다.

텔레비전 화면에는 감동의 눈물을 흘리는 사람들까지 등장할 정도였다. 나중에 또 다른 수상자 존 보이트Jon Voight는 올리비에를 만나 그때의 연설이 아주 멋졌다고 칭찬했다. 그러나 정작 올리비에 본인은 전혀 그렇지 않았다고, 자기는 무슨 얘기를 하는지도 모르고 떠들었다고 털어놓았다. 어리둥절한 보이트가 녹음된 당시 연설을 확인해보니 올리비에의 말은 사실이었다.

어떻게 된 일일까? 보이트를 비롯한 청중들은 제대로 연설을 듣지 않았던 것이다. 그저 로렌스 올리비에와 같은 훌륭한 배우는 당연히 훌륭한 연설을 했으려니 믿고 스스로 감동해버렸던 것이다.

> 사람들은 그저 편견을 곱씹으면서
> 자신이 생각하고 있다고 여긴다.
> ― 윌리엄 제임스

외모, 행동 방식, 과거의 관계, 특정 유형에 대한 선입견 등에 근거해 사람을 판단하는 습관을 넘어서기란 사실 매우 어렵다. 위 일화가 보여주듯, 청중은 대체로 그 사람의 이미지에 휩쓸릴 뿐 연설 자체에 주의를 집중하지 않는다. 벤저민 프랭클린은 '평화롭게 살려면 아는 것을 다 말하지 말고,

보는 것을 다 판단하지 말아야 한다'라고 말하기도 했다.

어느 기업인은 내게 자신이 사전 평가의 덫에 걸려 있다고 고백한 적이 있다.

"전 부하 직원들에게 말썽꾼, 불평꾼, 푸념꾼 등의 딱지를 달아두었습니다. 말썽꾼이 찾아오면 저절로 싸울 준비를 하고, 불평꾼이 전화를 걸어오면 적당히 듣고 잘라버릴 작정을 하지요. 이런 식으로 행동하는 것이 공정하지 않다고 생각하지만 저도 어쩔 수가 없습니다. 상대가 비슷한 행동을 반복하는데 어떻게 딱지를 붙이지 않겠습니까?"

> 자신의 의견을 절대 바꾸지 않거나
> 실수를 절대 고치지 않는 사람이
> 오늘보다 내일 더 현명해지기란 불가능하다.
> — 타이런 에드워즈(Tyrone Edwards, 작가)

작가 에드너 퍼버Edna Ferber는 '닫힌 마음은 죽어가는 마음'이라고까지 하였다. 이제 매 상황마다 마음을 열고 접근하는 것이 어떨까? 상대가 말을 끝내기 전까지는 그가 무슨 말을 하고 싶은지 알 수 없다는 점을 기억하라. 판단을 내리기 전에 충분히 기다려라.

어떻게 할 수 있냐고? 이 말만 명심하면 된다. '기회를 주자.' 상대가 영 마음에 들지 않을 때라도 이 말을 떠올리고 제대로 된 결론을 내리도록 노력하자.

말썽꾼을 마음에서 밀어내지 말고 귀를 기울여라. 어쩌면 기대하지 않았던 방향으로 행동해 당신을 놀라게 할지도 모른다. 기회를 주지 않았다면 그 뜻밖의 행동을 인식조차 못했으리라. 또 푸념꾼이 푸념을 시작한다 해도 그 말을 완전히 무시하는 대신, 푸념의 이유에 대해 생각해보는 것이다.

워크숍에 참가한 어느 여성은 손을 들어 이렇게 말했다.

"그럴듯한 말이긴 해요. 하지만 전 25년 동안이나 같은 남편이랑 살고 있다고요. 그럼 대체 남편에게 몇 번이나 기회를 줘야 하는 거죠?" 그녀의 말에 모두들 웃음을 터뜨렸다. "남편이 집에 돌아오면 전 늘 오늘은 어땠느냐고 묻지요. 그리고 채 10초도 지나기 전에 '오늘도 역시 그 얘기군. 늘 하던 소리야'라는 생각을 하는 거예요."

물론 동화 속에나 나올 법하게 무작정 낙천적인 사람이 되라는 것은 아니다. 위의 여성은 전에도 남편의 하소연을 들었을 것이다. 하지만 매일 반복되는 이야기라도 특별히 관심을 가지고 충분한 에너지를 들여 들어주어야 하는 때도 있다. 남편이 특히 스트레스를 많이 받은 날이라면 더 열심히 귀를 기울이고 공감해주어라. 조급한 마음을 떨쳐버리고 '나라면 어떤 기분일까?'라고 스스로에게 물어보며 이야기를 들어주는 것이다.

딱지를 떼고
기회를 주어라

더 많이 판단할수록 더 적게 사랑하게 된다.

— 발자크(Honoré De Balzac, 작가)

어느 교사는 발자크의 저 문구를 책상 앞에 붙여두겠다고 했다.

"올해 제가 담임을 맡은 반에는 학생이 모두 스물다섯 명이에요. 그런데 그중에서 조이라는 아이는 도무지 감당할 수가 없었지요. 걸핏하면 수업을 방해하고 친구들을 괴롭히는가 하면, 숙제도 안 해왔어요. 타일러도 듣는 둥 마는 둥이었지요. 저는 제 시간을 너무 많이 뺏어가는 그 애한테 화를 내기 일쑤였어요. 하루는 교사 회의에서 양호 선생님이 과잉행동 증후군ADHD에 대한 영화를 보여주었어요. 과잉행동 증후군에 시달리는 사람의 시각에서 만들어진 영화였지요. 그때 처음으로 저는 조이의 세계를 이해했답니다. 도무지 가만히 앉아 있지 못할 만큼 온몸에 에너지가 넘치는 상황, 주변 환경에 대단히 민감하고 시각적, 청각적 자극에 깜짝깜짝 놀라는 상황 말이에요. 이제 저는 조이의 행동을 적대적으로 해석하지 않아요. 호르몬 문제로 보는 거지요. 그리고 그 아이를 있는 그대로 받아들이게 되었답니다."

> 인내란 남의 믿음과 습관을 이해하려는
> 긍정적이고 진실된 노력이다. 그 믿음과 습관을
> 공유하거나 받아들일 수 없다 해도 말이다.
> — 조슈아 리브먼(Joshua Liebman, 랍비)

인종적 고정 관념을 가진 사람은 자기가 보고 들은 모든 것을 인종에 대한 선입견에 맞춰 넣는다. 심리치료 전문가인 칼 메닝거Karl Menninger는 '공포는 교육을 통해 우리 안으로 들어오기도 하지만, 원하기만 하면 교육을 통해 우리 밖으로 나가기도 한다'라고 하였다. 어린 시절에 받은 교육으로 편견을 갖게 될 수 있지만, 원한다면 교육을 통해 편견을 버릴 수도 있는 것이다. 성급하게 판단을 내리는 대신 사람들이 무슨 말을 하는지 열심히 듣고 이를 바탕으로 결론을 내린다면 말이다.

어느 젊은 여성이 털어놓은 경험담을 보자.

"저는 작은 농촌 출신으로 대도시 소재 대학교에 입학했어요. 처음 만난 룸메이트는 어리숙한 저를 보고 한 수 가르쳐야겠다고 생각한 모양이었어요. 고등학교 때 클라리넷을 연주했기 때문에 밴드부에 들까 했지만 룸메이트는 밴드부 사람들이 전부 패배자라고 했어요. 전 남의 말을 잘 믿는 편이었고 세상도 잘 몰랐기 때문에, 룸메이트의 의견을 그대로 받아들였어요. 저보다 한 학년이 높으니 당연히 저보다 낫겠거니 생각했죠. 첫 학기 내내 룸메이트에게 이끌려 한 무리의 친구들과 어울렸는데 정말 끔찍했어요. 늘 다른 사람들의 욕을 하며 시간을 보냈지요. 몇 달이 지나서야 전 그런 행동이 욕먹는 사람보다 오히려 욕을 하는 사람의 본성을 더 잘 드러낸다는 걸 깨달았지요."

그녀는 그 후 변화했다고 한다.

"그들의 편협한 사고방식에 질려버린 저는 독자적인 길을 가기로 했어요. 학기가 끝나자마자 밴드부에 가입해 전국을 돌며 대회에 참가하고 공연을 했지요. 수석 클라리넷 연주자는 룸메이트가 조심하라고 했던 특정 지방 출신 사람이었는데, 지금까지도 제일 친한 친구로 지내고 있어요. 계속 룸메이트를 따라다녔다면 대학 4년이 어떻게 되었을까요? 그 경험을 통해 저는 남의 의견을 그냥 받아들이기보다는 스스로 판단해야 한다는 중요한 교훈을 얻었답니다."

교황 요한 바오로 2세Pope John Paul II는 '닫힌 마음이 가장 끔찍한 감옥'이라고 했다. 여기서 감옥이란 갇히거나 붙잡혀 있는 상황을 말한다. 남들의 험담만 듣고 마음에서 지워버린 사람이 당신에게도 있는가? 그런 행동이 공정한가? 직접 알아보지도 않고 사귈 만한 가치가 없다고 결론 내리는 일이 가능한가? 고정 관념이나 편견에 기대어 마음을 닫아버리지 말라. 딱지를 붙이는 것이 아니라 사랑하는 것이 당신의 목표라면 상대에게 기회를 주어라.

대안을 주고
고르게 하라

갈등은 통제력을 얻기 위한 전쟁이다.
— 텅후 명언

통제력을 놓고 벌어지는 전쟁을 어떻게 피할 수 있을지 궁금한가? 통제력을 혼자 차지하기보다는 공유해야 한다는 것을 내게 처음 알려준 사람은 어느 택시 기사였다. 그때 나는 급히 워크숍을 끝내고 출발 시간이 한 시간 정도 남은 비행기를 타기 위해 택시를 탔다. 그리고 기사에게 상황을 설명하고 빨리 공항으로 가달라고 했다. 그는 나를 보며 "고속도로를 탈 수도 있고 시내를 통과할 수도 있습니다. 어느 쪽이 좋을까요?"라고 물었다.

"어느 쪽이든 상관없어요. 빨리 도착만 하면 돼요."

그는 고개를 저으며 다시 말했다. "손님이 선택하시지요." 나는 고속도로를 선택했고, 차는 곧 출발했다. 나는 왜 나더러 선택하라고 했는지 궁금했다.

"바쁜 손님이 타셨을 경우 제가 길을 선택하면 안 되더군요. 교통 정체를 만날 수도 있는데, 그러면 손님들이 저를 원망하며 화를 내더라고요. 하지만 손님에게 길을 선택하라고 하면 혹시 시간을 못 맞추더라도 원망은 하지 않거든요."

> 어떤 해결책을 지지할 것인지 말 것인지는
> 그 해결책을 내놓은 사람이 남인지
> 우리 자신인지에 달려 있다.
> ― 텅후 명언

여러 사람이 관련된 일에서 결정을 내릴 때는 혼자서 결론을 내리고 그것이 해답인 양 제시하지 말라. 그렇게 단 하나의 방법만이 제시되면 사람들은 곧장 항의하게 된다. 왜냐고? 스스로 찾은 것이 아니라 주어진 것이기 때문이다. 대신 실현 가능한 대안을 두 가지 정도 고안해내고, 사람들로 하여금 고르게 하라. 그러면 별 저항 없이 결과를 받아들일 것이다.

고객들을 상대할 때에도 이 기법을 기억하는 것이 좋다. 어떻게 하라고 일러주는 대신 가능성을 두 개 정도 제시하고 선택하게 하는 것이다. 예를 들어 "다음 주 월요일 1시 전에는 예약을 잡아드릴 수 없습니다"라고 말하는 대신, "월요일 1시나 3시에 시간을 잡겠습니다. 어느 쪽이 좋으신지요?"라고 묻는 것이다. 혹은 "콘서트가 취소되었으므로 환불해드리겠습니다" 대신에 "환불해드릴까요, 아니면 가을 콘서트 입장권 구입 대금으로 예치해드릴까요?"라고 가능성을 제시하라. 스스로 선택할 기회를 얻은 사람들은 그 상호 작용으로 인해 훨씬 더 만족할 것이다.

> 남의 손을 빌리지 않고 스스로 찾아낸 이유에 대해 사람들은 더 큰 확신을 가진다.
> — 블레즈 파스칼(Blaise Pascal, 철학자)

워크숍 참가자들과 통제력에 대해 토론할 때의 일이다. 여기서 모두를 위한 최선의 방법을 결정했다 해도 결정 과정에서 남들을 배제하면 고맙다는 인사는커녕 원망만 듣게 된다는 이야기가 나왔다. 한 남자가 고개를 끄덕이며 자기의 경험담을 털어놓았다.

"작년에 이걸 알았어야 했어요. 맏아들이 대학에 입학할

예정이었기 때문에 오랫동안 꿈꿔왔던 가족 자동차 여행을 떠나기로 했지요. 전 오랜 시간을 들여 일정을 계획하고 숙소를 예약했답니다. 마침내 출발하는 날이 되었어요. 커다란 캠핑카를 타고 신나게 출발한 지 얼마 안 되어 막내딸이 '디즈니랜드는 언제 가는 거죠?'라고 묻더군요. 전 7월의 디즈니랜드는 너무 붐비기 때문에 가지 않을 거라고 설명했어요. 하지만 딸아이는 납득하지 못했어요. 30분만 달리면 되는 거리인데 어떻게 디즈니랜드를 빼놓을 수 있냐는 거였지요. 전 이틀 안에 그랜드캐니언에 도착해야 하는 일정이라고 설득했지만, 딸아이는 하루 종일 골이 나 있었어요."

그 참가자는 자신의 경험담을 계속 들려줬다.

"당장 아스팔트가 녹아내릴 듯한 뜨거운 날씨 속에서 사막을 뚫고 운전하자니 정말 힘들었어요. 어서 야영장에 도착해 몸을 식히고 수영장에서 놀고 싶은 생각뿐이었지요. 12시간 후 야영장에 도착해 수영장으로 달려갔지만 물 한 방울 없이 바짝 말라 있더군요. 그 실망감이란! 마침내 그랜드캐니언에 도착해보니 우리 캠핑카를 세울 자리가 없었어요. 몇 바퀴를 돌아도 소용이 없었지요. 전 '에라 모르겠다' 싶어 길가에 주차해버렸어요. 견인되어도 상관없다는 심정이었답니다. 그리고 바위 언덕을 걸어 올라갔어요. 막내딸은 풍경을 한번 둘러보더니 '겨우 이걸 보려고 디즈니랜드를 포기했단 말이에요?'라고 따지더군요."

남이 경험한 일이라면 무엇이든 재미있다.

— 윌 로저스(Will Rogers, 영화배우)

남자는 계속해서 가족 여행담을 이어갔다.

"그 다음부터는 정말 악몽이었어요. 뒷자리에서는 불평만 들려왔지요. '아직 멀었나요?', '집에는 언제 돌아가나요?' 전화가 났어요. 얼마나 오랜 시간을 들여 준비한 여행인지 통 몰라주었으니까요. 꼬박 3주나 매달려 계획을 짰거든요. 마침내 저는 자동차 지도를 절반으로 찢어 던져버렸어요. 그리고 '난 포기했다. 너희들이 직접 계획을 짜도록 해'라고 말했지요. 우리는 하루씩 맡기로 했어요. 딸아이가 하루, 아들이 하루, 아내가 하루, 그리고 제가 나머지 하루 일정을 정했지요. 자기가 맡은 날에는 뭐든 원하는 것을 할 수 있으나 저녁 7시까지는 숙소에 도착해야 하고, 정해진 비용은 넘지 않아야 된다고 했어요. 잠자고 싶다면 모두 같이 하루 종일 잠을 자는 것이고, 돌고래 쇼를 보고 싶다면 온 가족이 함께 보는 것이고요. 어떻게 되었는지 아세요? 최고의 가족 여행을 했답니다. 왜 식구들이 그렇게 투덜거렸는지 전 뒤늦게 깨달았어요. 그건 그들의 휴가가 아니라 제 휴가일 뿐이었거든요."

난 그 후 워크샵이나 강연에서 이 가족의 여행담을 수없이 인용했다. 그리고 늘 많은 이들의 공감을 얻었다. 모름지기 사람들은 자신이 통제력을 갖지 못한 일에 대해서는 좀처럼 고마워하지 않는 법이다. 반면에 통제력을 공유하는 경우 모두가 만족하는 결과를 얻는다.

상황을 책임진다는 것이 홀로 모든 결정을 내려야 한다는 뜻은 아니다. 첨예한 갈등이나 모순된 상황을 해결해야 한다면 상황을 분석하고 조건을 정하고 대안을 제시한 뒤, 그 일에 관련된 사람들이 함께 결정하도록 하라. 그렇게 해도 누군가는 최종 결과에 만족하지 않을 수 있다. 하지만 자신도 결정 과정의 일부였기 때문에 결과를 받아들일 가능성이 크다. 그 상황에서는 그것이 최선의 결정이었다고 판단하는 것이다.

> 우리 모두는 관계에서 우위를 점하고 싶어 한다.
> 남을 설득시켜 내 의견이 관철되면 스스로
> 강하다고 느끼며, 심리적으로도 만족감을 느낀다.
> — 제임스 레드필드(James Redfield, 작가)

일대일 관계에서는 우위에 서려는 파괴적인 욕망을 경계해야 한다. 남을 이용해 승리를 얻고 우쭐해지는 것은 일시적인 쾌감에 불과하다. 흑인 가수 오데타Odetta Holmes는 '스스로에 대해 더 좋은 감정을 가질수록 남들이 일어서지 못하도록 때려눕히는 일이 줄어든다'라고 했다. 그 반대도 가능하다. 때려눕히기보다 일으켜 세우는 길을 더 많이 선택할수록 스스로에 대해 더 만족하게 되는 것이다.

주변 사람들을 경쟁자라기보다는 동료로 여겨라. 상명하달의 의사소통을 하기보다는 서로 협력하여 해결책을 찾아보라. 남을 누르고 이기려 들지 말고 둘 다 이기는 상황을 만들라. '공존共存이 아니면 부존不存'이라는 버트란드 러셀 Bertrand Russell의 말을 기억하라.

워크숍에 참가했던 어느 증권거래인은 이의를 제기했다. "제 주변 사람들이 그렇게 생각하지 않는데 전들 어쩌겠습니까? 우리는 어떻게 해서든 성공의 사다리를 올라타라고 배웠거든요. 금융계는 특히나 극도로 경쟁적입니다. 서로가 서로를 물어뜯어야 하죠. 실적을 내지 못하면 당장 쫓겨납니다. 이런 상황이다 보니 통제력을 나누라는 말보다는 '탐욕이 곧 선善'이라는 말이 훨씬 더 와닿습니다."

다른 여성 참가자도 거들고 나섰다. "맞습니다. 다른 사람이 저를 통제하려 드는 상황에서 어떻게 하면 좋을까요? 함께 승리하는 삶을 지향한다 해도 주변에서 도와주지 않는다면 어쩔 수 없지 않나요?"

다음 장에서는 바로 이런 문제를 다뤄볼 것이다. 남들이 경쟁적이고 냉혹하다 해도 친절하고 협력적인 태도를 유지하는 방법 말이다. 즉 주변 상황이 어떻든 가치 있는 삶을 사는 방법이 소개될 것이다.

통제력을 공유하기 위한
행동 전략

친구와 함께 주말에 스키를 타러 가기로 했다. 친구는 스키 실력이 당신보다 뛰어나고 더 어려운 코스를 선택하고 싶어 한다. 그러면서 좀 더 연습이 필요한 당신에게도 어려운 코스로 함께 가자고 강권한다. 어떻게 해야 좋을까?

 하지 말아야 할 **말과 행동**

상대가 결정권을 갖지 못하게 한다

"이봐, 내가 아직 준비되지 않은 걸 하라고 압박해서는 안 돼."

친구가 자기가 책임지고 도와줄 테니 겁쟁이처럼 굴지 말라고 한다

"어떻게 걱정할 필요 없다고 말할 수가 있지?
저 경사진 슬로프를 좀 보라고!"

친구는 계속 둘 중 하나를 선택해야 한다고 생각한다

"내가 자신 없는 일을 하라고 강요하지 마.
이런 문제로 싸우면서 시간을 보내려고 여기 온 것이 아니라고."

😊 해야 할 **말과 행동**

양쪽 모두 만족스러운 해결책을 찾기로 한다

"우리 둘 다 즐겁게 탈 수 있는 방법을 한번 생각해보자고."

두 사람 모두에게 통제력을 부여하는 해결책을 찾는다

"네가 시시한 스키를 타고 싶어 하지 않는 것도 중요하고,
내가 다리를 부러뜨릴 위험 부담을 안지 않는 것도 중요해."

몇 가지 대안을 제시하고 함께 선택한다 "너는 저쪽 슬로프로 가고
난 좀 더 쉬운 곳에서 연습하면 어떨까?
그리고 점심 때 만나서 다시 생각해보는 거야."

긍정적인 기를 내보내기로
결정하라

우리 모두 서로에게 좀 더 친절해집시다.

— 올더스 헉슬리(Aldous Huxley, 소설가)가 남긴 마지막 말

당신의 철학이나 종교가 어떤 것이든 영혼의 중요성에는 공감할 것이다. 동양에서는 보이지 않는 생명의 힘을 '기氣'라고 부른다. 기가 긍정적일수록 외부의 부정적 에너지에 견디는 힘이 강하다. 그렇다면 어떻게 강한 기를 갖게 될 수 있을까?

자신을 가로막는 방향이 아니라 북돋우는 방향으로 '피그말리온 효과Pygmalion Effect'를 활용하면 된다. 피그말리온 효

과의 핵심은 '주는 대로 받는다'는 것이다. 주변 사람들을 의혹과 의심_{부정적인 기}으로 대하면 상대도 당신을 똑같이 대하게 된다. 그 무뚝뚝한 반응에 당신의 의심은 한층 더 확고해지고, 세상이 내게 적대적이라는 인식이 뿌리박힌다. 이런 식으로 부정적인 나선이 계속 이어진다.

반대로 상대를 존중하고 인정한다면_{긍정적인 기} 상대 역시 당신을 존중하고 인정할 것이다. 이 우호적인 반응은 따뜻한 세상에 대한 당신의 믿음을 강화시키고, 더 많은 사람들을 존중하도록 만든다. 긍정적인 나선이 한없이 퍼져나가는 것이다.

> 마음의 평화는 내면을 조직화하는 능력이다.
> 혼란과 갈등, 어려움, 반대에 부딪쳐도
> 내면은 고요함을 유지하는 것이다.
> — 노먼 빈센트 필

이 원칙을 일상에 어떻게 적용하면 좋을까? 적수를 만날 때마다 당신이 기의 갈림길에 서 있다고 생각하고 그림을 그려보라. 당신은 내리막길과 오르막길 중 하나를 선택할 수 있다. 물론 생각할 시간은 기껏해야 몇 초에 불과하다.

울컥하는 마음에 순간적으로 반응해 부정적인 말을 몇 마디 내뱉었다면 이미 내리막길에 발을 내디딘 셈이다. 이 길은 한번 들어서면 가속도가 붙는다. 그래서 선택하기가 더 쉬울지도 모른다. 경사가 워낙 심하기 때문에 부정적인 기는 걷잡을 수 없이 점점 커지고, 결국 영혼은 어둠에 빠지고 만다.

반면 벌어진 상황에 대해 관대한 몇 마디를 중얼거릴 수 있다면 긍정적인 길이 열린다. 긍정적인 기가 당신을 위쪽으로 끌어올린다. 오르막길을 오르는 것은 힘이 들지만 꼭대기에 도착하면 멋진 풍경이 펼쳐져 이내 고생을 잊게 만든다.

이상적으로는 평화를 지향하는 당신의 노력이 결국 당신을 대하는 다른 사람들의 태도를 친절하게 만들 것이다. 로마의 정치가이자 철학자인 키케로Cicero는 이를 두고 '끝없는 친절이 악의를 이긴다'라고 하였다.

물론 현실적으로 보면 늘 이렇게 되지는 않는다. 그러나 그 노력이 상대에게 비록 긍정적인 효과를 미치지 못했다 해도, 당신 자신에게 긍정적인 것만은 확실하다.

소설가 커트 보네거트Kurt Vonnegut는 '우리 생각이 인간적인 만큼 우리는 건강하다'라고 했다. 당신은 적대적이기보다 인간적이기를 선택함으로써, 상황에 이리저리 휘둘리지 않는 안정적인 상태에 도달할 수 있다. 마음이나 영혼이 동요하지 않는 고요한 곳에 이르는 것이다.

긍정적인 기를 내보내기로 선택했다면 당신의 마음이나 영혼은 흔들리지 않는다. 어디 있든, 누구와 있든, 어떤 일이 일어나든 마음의 평화가 유지될 것이다.

일이 안 풀릴 때
스스로에게 건네야 할 말

우리가 가진 최고의 자유는 자신의 태도를 선택할 수 있는 자유이다.

— 빅터 프랭클(Victor Frankl, 정신분석학자)

일이 잘 안 풀릴 때 당신은 스스로에게 무슨 말을 하는가?

수년 전 나는 정부 조직을 상대로 워크숍을 진행한 적이 있다. 그때 만난 어느 팀장은 인력이 부족한 상태에서 과중한 업무에 시달리는 상황이었다. 사무실 문이 열리기 전부터 수십 명이 서류를 들고 줄을 서 기다리는데, 그나마도 정상적인 업무 진행 속도에서 1년 반은 뒤처져 있다고 했다. 그런 스트레스 상황을 어떻게 견뎌내느냐고 물었더니, 그 팀장은 "철학이 필요하지요!"라고 대답했다.

현명한 대답이다. 그 이후 나는 관리자를 만날 때마다 철학이 무엇이냐고 묻곤 한다. 철학이 삶의 핵심임을 깨달았기 때문이다. 니체Friedrich w. Nietzsche도 '살아야 하는 이유를 가진 사람이면 어떤 시련도 이겨낸다'라고 하지 않았는가.

당신의 그 이유는 무엇인가? 사람과 시간의 압박 아래서 긍정적인 태도를 가지려면 분명 철학이 필요하다. 그 철학이 당신을 방해하지 않고 도와주게끔 하는 감정적 반응이 일어나도록 해야 한다. 부정적인 일이 일어나면 즉각 건설적인 철학이 개입해 마음의 평정을 되찾게 만드는 것이다.

> 인생은 카드 게임과 같다.
> 당신을 게임 판에 들인 손은 운명이지만
> 당신이 게임하는 방법은 자유의지이다.
> — 자와할랄 네루

일이 잘 안 풀릴 때 공통적으로 나타나는 자동적인 반응은 "왜 하필 내가?"다. 그러나 이런 식으로 분노에 치중하며 운명을 탓하게 되면 계속 희생양이 된 느낌을 가질 수밖에 없다. 세상은 신랑한 사람만이 시련을 겪는 가혹한 곳이라보게 되는 것이다.

반면 "좋은 점은 무엇이지?"라는 질문을 던지게 되면 긍정적인 게임이 시작된다. 누구나 경험해본 적이 있겠지만 나쁜 일에는 좋은 일도 따라오는 법이다. 물론 그렇다고 나쁜 일이 좋다는 뜻은 아니다. 다만 나쁜 일의 결과로 긍정적인 효과를 얻어내자는 것이다. 좋은 일이 늘 분명하게 드러나는 것은 아니다. 하지만 열심히 찾는다면 반드시 나타나는 법이다.

작가 댄 밀먼Dan Millman은 《평범한 순간은 없다》라는 책에서 우리가 당면한 모든 일들이 영혼을 단련하는 훈련이라고 말한 바 있다. 그리하여 소소한 일상에 파묻히지 말고 그 일상을 통해 스스로 빛나야 한다고 강조하였다. 그의 이야기를 들어보자.

"죽는 순간 삶의 모든 순간이 눈앞을 스쳐갈 것이다. 1초도 안 되는 짧은 시간 동안 수많은 일을 돌이켜보면서 우리 의식은 두 가지 질문을 던지게 된다. 그 순간에 나는 좀 더 용기를 낼 수 없었나? 좀 더 많은 사랑을 보여줄 수는 없었나?"

위기의 순간에 도움이 될 자신의 철학을 공개해준 워크숍 참가자들도 많았다. 실망의 순간에 "아, 좋아!"라고 탄성을 지른다는 스포츠 코치도 있었고, 고약하게 구는 손님에게 복수하는 대신('요리를 더 천천히 준비해서 실컷 기다리게 만들어야지') 손님을 불쌍하게 여긴다는('제대로 예절을 가르치는 부모도 만나지 못한 운 나쁜 사람이군') 식당 주인도 있었다.

많은 이들의 철학은 '내가 대접받기를 원하는 대로 상대를 대한다'라는 원칙으로 정리할 수 있다. 작가 수잔 제퍼스Susan Jeffers는 어려움을 만날 때마다 "난 해결할 수 있어"라는 말을 되뇌라고 권한다. 이 말이 일종의 주문이 되어 마음을 가라앉힌다는 것이다. '할 수 있다'는 표현은 분명 자신감도 북돋울 것이다.

상담 칼럼니스트 앤 랜더스Ann Landers는 시련을 삶의 필연적인 부분으로 보고 "이건 결국 지나가버릴 일이야"라고 중얼거리라고 한다. 낙담은 희망을 잃은 상태이다. 낙담에 빠지지 않으려면 현재 겪는 일이 일시적이며, 더 나은 내일을 기대할 근거가 충분하다는 점을 기억해야 한다.

> 외적인 사건으로 괴롭다면 그 고통은
> 사건 자체가 아니라 사건에 대한 당신의
> 생각에서 비롯된 것이다. 당신의 생각은
> 언제든 당신 스스로 뒤집을 수 있다.
> — 마르쿠스 아우렐리우스

사무실에서 일한다면 벽에 달력을 하나 걸어두어라. 동료들에게 돌아가며 매일 하나씩 즐거운 일을 기록하자고 제안해보라. 회사가 따낸 계약, 깜짝 생일 파티, 고객의 감사 전화,

프로젝트 종료, 서비스 대상 구상 등의 내용을 담는 것이다.

그러다가 일이 안 풀릴 때, 고약한 고객 때문에 괴로울 때, 컴퓨터가 고장 나서 업무가 마비되었을 때 달력을 살펴보며 승리의 순간을 기억하라. 달력을 통해 당신과 동료들은 실패가 아닌 성취에 초점을 맞출 수 있다. 그리고 이는 사회생활을 하며 끊임없이 찾아오기 마련인 위기 상황에서 균형 감각을 되찾아준다. 직원 회의를 하면서 한 달에 한 번 정도는 다 함께 달력을 살피고 발전하고 있는 삶의 모습을 확인하는 것은 어떨까?

긍정적인 시각을 유지하기 위한
행동 전략

현금을 인출하러 은행에 들렀는데 정전 사태로 창구는 물론이고 자동입출금기도 사용할 수 없는 상황이다. 뜻밖의 불편에 대해 당신은 어떻게 반응할 것인가?

😟 하지 말아야 할 **말과 행동**

짜증스럽게 반응한다 '여기까지 온 게 다 헛일이군.'

부정적인 사고를 계속한다 '다음 일정을 다 망쳐버렸어. 이제 어떻게 하지? 전기가 들어올 때까지 근처에서 기다려야 하나?'

이 일이 야기한 곤란한 상황을 곱씹는다

'이런 일이 일어나는 건 정말 싫어. 아무것도 할 수 없게 되었잖아.'

일어난 사건에 정신적 렌즈의 초점을 맞춘다

'은행 측에 항의해야겠어. 발전기를 설치했어야지.'

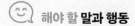 **해야 할 말과 행동**

일이 잘못되었을 때 동원하는 철학을 떠올린다 '별일 아니야. 해결할 수 있어.'

긍정적으로 생각한다 '다른 은행 기계를 사용하면 어떨까.

신용 카드로 현금 서비스를 받을 수도 있고.'

곤란을 삶의 일부로, 그리고 일시적인 일로 여긴다 '금방 잊어버릴 일이야.

1년쯤 지나면 기억도 못 하게 되겠지. 그때는 다른 일로 바쁠 테니까.'

시선을 돌려 다른 측면을 본다

'내 삶에는 잘되어가는 일도 많아. 감사할 일이 많다고.'

실패를 잊고
새롭게 시작하라

부당하게 대우받는 것은 중요하지 않다.
이를 계속 기억하지만 않는다면 말이다.
— 공자

원망을 없애는 방법을 알고 싶은가?

내 아들 앤드류가 여덟 살 때였다. 흰 벽에 낙서를 해 망쳐놓은 벌로 혼자 방에 앉아 있다 나온 아들 녀석은 쭈뼛거리며 내게 다가왔다. 이제 괜찮다고, 그래도 엄마는 널 사랑한다는 말을 듣고 싶은 것이 분명했다. 모른 척하고 있자니 아들은 내 앞에 서서 귀여운 목소리로 "엄마, 이제 우리 새로 시작할 수 있죠?"라고 물었다. 그 후 우리 가족은 '새롭게 시작하다'라는 말을 자주 사용하게 되었다.

사람들과 함께 어울려 살고 일하다 보면 온갖 일들이 벌어진다. 벌컥 화를 내며 해서는 안 될 말을 내뱉기도 하고, 누군가에게 말도 안 되는 괴롭힘을 당하며 힘든 하루를 보내기도 한다. 이럴 때는 적절한 표현을 통해 갈등과 괴로움을 정리하고 넘어가는 것이 필요하다. 그렇게 하지 못한다면 그 상황에 끝없이 시달리기 십상이다.

어쩌면 당신은 지금 몇 주, 몇 달, 몇 년 전에 일어났던 일에 매달려 아무것도 하지 못하고 있을지도 모른다. 작가 데이비드 스콧David Scott이 말한 대로 상처가 오래되면 분노로 발전하는 법이다. 상처와 분노가 쌓이면 애정이나 존경은 설 자리를 잃는다.

> 나는 삶의 과정을 단 한 차례 지난다.
> 그러니 내가 보일 수 있는 친절이나 행할 수 있는
> 선행이 있다면 모른 척하거나 미루지 말고
> 지금 이 순간 하게 해달라. 나는 두 번 다시
> 이 길을 지나지 않을 것이다.
> — 윌리엄 펜(William Penn, 영국 출신 신대륙 개척자)

당신의 건강, 그리고 당신이 사랑하는 사람의 건강을 위해 불행의 씨앗은 미리 없애야 한다. 마음을 깨끗이 정리하고 당신이든 상대든 새롭게 시작할 수 있도록 배려하라.

앤드류의 낙서 사건이 일어나기 몇 주 전, 나는 아침 일찍 비행기를 타야 했다. 서둘러 아이들을 깨우고 학교 갈 준비를 시킨 후 마당으로 나가 보니, 아이들은 이웃집 개랑 마당을 뒹굴며 한창 노는 중이었다. 개털과 잔디가 묻은 채로 등교할 수는 없는 노릇이라 당장 옷을 갈아입으라고 들여보낸 후, 나는 씩씩거리며 시계만 쳐다보았다.

마침내 차고에서 자동차를 후진시키고 있을 때 큰아들 톰이 "가방을 안 가지고 왔어요!"라고 외쳤다. 톰이 가방을 챙겨 나오기까지 또 기다려야 했다. 나는 미친 사람처럼 차를 몰아 아이들이 학교 앞에 내리자마자 공항으로 달렸고, 아슬아슬하게 비행기를 타는 데 성공했다.

그런데 그날 밤 집으로 돌아오는 비행기가 거센 폭풍을 만났다. 동체가 요동을 쳤고 무사히 살아 돌아갈 수 있을지 장담하지 못하는 상황이었다. 나는 혹시나 일이 잘못될 경우 아이들이 기억할 내 마지막 모습이 시간에 늦었다고 안달하며 화내는 모습이겠다 싶어 내내 가슴이 아팠다.

그런 상황이면 늘 그렇듯 가장 중요한 것을 깨닫는다고 할까? 무사히 착륙한다면 나는 두 번 다시 가족과 그렇게 허둥지둥 헤어지지 않겠다고 결심했다. 다시 만날 수 있다는 보장이 전혀 없기 때문이다. 다행히 비행기는 안전하게 착륙

했고, 그 이후로 우리 가족이 헤어지는 순간은 늘 진지하다.

　한때 사랑했다가 이제는 멀어진 사람이 있는가? 모든 것은 상대의 잘못이기 때문에 절대 사과하지 않겠다고 결심했는가? 바보 같은 자존심 때문에 다시 다가가지 못하는 것은 아닌가? 전화를 들었다가도 용서하면 안 된다는 생각에 다시 내려놓곤 하는가?

Scene
56

당신이 옳다는 마음을
넘어서라

멸망에 앞서 교만이 있으며, 넘어짐에 앞서 거만한 영혼이 있느니라.

— 잠언 16:18

당신의 마음 한구석에 언젠가는 앙갚음하겠다는 다짐이 여전히 살아 있는가? 자, 그 기회를 빼앗긴다면 어떻게 하겠는가? 당신이나 상대에게 무슨 일이 일어나 되갚아주지 못하게 된다면?

작가 새뮤얼 버틀러는 우정도 잘 수선해야 한다고 조언한다. 수선이 필요한 관계가 있다면 지금 당장 수선에 나서도록 하라. 먼 미래의 기회를 기다리다가는 영영 손을 쓰지 못할 수도 있다. 헨리 데이비드 소로Henry David Thoreau가 마지막으로 남긴 말은 '후회 없이 세상을 떠나노라'였다. 당신도 이렇게 말할 수 있는가? 오해 때문에 서로 냉담하는 사이가 되었다면 먼저 당신이 옳다는 마음을 넘어서라. 과거는 과거로 흘러가게끔 하라.

> 문제가 있다면 그건 당신의 문제이다.
> 누군가 무엇인가 조치해야 한다고 생각한다면,
> 당신이 그 누군가임을 기억하라.
> ― 선불교 센터

'하지만 상대가 먼저 시작했잖아?'라고 생각하는가? 그렇다면 체면이 중요한지 우정이 중요한지 진지하게 자문해보라. 마틴 루터 킹 2세는 '눈에는 눈이라는 규율은 모두를 장님으로 만든다'고 지적하기도 했다. 이제 자존심은 삼켜버리고 올리브 가지를 내미는 사람이 되어보는 것은 어떤가. 사람을 곤란에 빠뜨리는 것이 분노라면, 그 곤란에서 빠져나오지 못하게 하는 것은 자존심이다.

안네 프랑크Anne Frank는 '인간 성격의 최종적인 모습은 그 자신의 손에 달려 있다'라고 썼다. 당신의 모습을 앙심으로 가득 찬 것이기보다 영적인 것으로 만들어보자. 당신이 상대에게 먼저 "무슨 일이 왜 일어났는지 시시콜콜 따지지 말자. 난 그저 다시 네 친구(형제, 자매, 연인)가 되고 싶을 뿐이야. 우리 새롭게 시작할 수 있겠지?"라고 말해보라.

한 워크숍 참가자는 덕분에 10년 동안이나 남처럼 지냈던 두 언니와 화해했다는 소식을 메일로 전해주었다.

저희 부모님은 유언 없이 돌아가셨어요. 언니들은 누가 무엇을 상속해야 하는지를 두고 싸움을 벌였죠. 전 거기에 끼어들고 싶지 않았지만 부모님 집을 팔아버리겠다고 하는 건 참을 수가 없었어요. 40년이나 살던 집이거든요. 결국 우리는 각자 변호사를 선임했고, 2년에 걸친 다툼 끝에 분할 상속 결정을 내렸지요. 마지막에는 변호사들을 통해서만 연락하는 사이가 되었고요.

그런데 요동치는 비행기 안에서 아이들이 기억할 엄마의 마지막 모습을 떠올렸다는 이야기를 듣고 저도 우리 세 자매 중 누가 먼저 세상을 떠나면 영영 화해할 기회가 없다는 걸 깨달았어요. 사실 다툼을 바보같이 너무 오래 끌어오기도 했고요. 난 그날 밤에 바로 언니들에게 전화해 "전화 끊지 말고 내 말 좀 들어봐"라고 입을 열었어요. 과거는 과거로 놓아두고 다시 가족이 되자고 말했지요. 그리고 이제 그토록 오랫동안 단절되었던 관계를 회복하고 있답니다.

> 했던 일에 대한 후회는 시간이 가면서 누그러진다.
> 하지 않았던 일에 대한 후회는 무엇으로도
> 위로받지 못한다.
>
> — 시드니 해리스(Sydney Harris, 칼럼니스트)

친척이나 친구와 최근 말다툼한 일이 있는가? 너무 바빠 가족과 함께 외식하기로 한 약속을 지키지 못했는가? 그렇다면 더 이상 지체하지 말고 행동하라.

우리 아버지는 내가 이 책을 쓰는 동안 돌아가셨다. 돌아가시기 몇 주 전 우리 가족은 캘리포니아에서 모였다. 몇 년 만에 처음으로 아버지의 자식과 손자들이 빠짐없이 모여 성탄절을 보낸 것이다. 아버지는 어린 손자와 손녀들에게 둘러싸여 행복한 얼굴로 선물을 나눠 주셨다. 제일 큰 선물은 함께 보낸 그 며칠의 멋진 시간이었다. 우리는 카누를 타고 승마와 산책을 즐기기도 했다.

하와이의 집으로 돌아와 나는 아버지에게 정말 멋진 성탄 휴가였다는 엽서를 보내야겠다고 생각했다. 아버지가 준비한 모든 것이 얼마나 고맙고 즐거웠는지 알려드리고 싶었다. 하지만 다른 일을 먼저 처리하느라 결국 엽서를 보내지 못하던 차에 아버지가 돌아가셨다는 전화를 받았다. 아버지를 생각하며 나는 혼자 바닷가를 걸었다. 아버지와 함께 한 어린 시절, 그리고 그 이후를 순서대로 떠올렸다. 그리고 마음속으로 감사 엽서를 보냈다.

당신 인생에서 감사의 인사를 전해야 하는 상대는 누구인가? 수선해야 하는 관계는 무엇인가? '평화는 풀뿌리 수준에서 시작될 수밖에 없다. 그 출발점은 당신이다'라고 한 의사 겸 작가 스콧 펙의 말을 기억하길 바란다.

꾸물거리지 말라. 5분의 시간을 내어 전화기를 들고 통화하라. 아니면 자리에 앉아 그간 미뤄두었던 감사 편지를 써라. 그 행동을 후회할 일은 없을 것이다. 행동하지 않는다면 후회하겠지만 말이다.

새롭게 시작하기 위한
행동 전략

제일 친한 친구가 새로 산 차를 빌려 달라고 했다. 주말에 이사할 때 쓰기 위해서다. 그런데 친구가 깜박 잊고 차를 잠그지 않은 바람에 도둑을 맞고 말았다. 다행히 보험을 들어두었지만 서류를 꾸미고 경찰의 증명서를 받고 하려면 몇 주가 걸릴 판이다. 당신은 어떻게 행동하겠는가?

 하지 말아야 할 **말과 행동**

분노를 폭발시키며 친구에게 감정을 다 털어놓는다

"어쩌면 그렇게 부주의하니?
새 차를 잠그지도 않고 놔두는 멍청한 짓을 하다니!"

'용서할 수 없는' 실수, 그리고 그로 인해 당신이 입은 피해에 초점을 맞춘다

"보험 처리를 했어. 이제 네 부주의 때문에 내 보험료만
올라갈 판이야."

332

"내일 당장 출근할 차가 없는데 사과가 무슨 소용이야?
처음부터 빌려주지 말았어야 했어."

 해야 할 말과 행동

나중에 후회할 말을 하지 않도록 조심한다 "대체 어떻게 된 거야?"
친구가 몹시 당황하고 후회하고 있다는 것을 알아차린다

"이제 어떻게 해야 하지? 보험 처리를 받기 위해 어떤 서류 작업이
필요한지, 보험료 조정은 어떻게 될지 알아봐야겠다."
고의적인 실수가 아니라는 점을 이해한다 "이번 일은 잘 해결하고 잊어버리자.
차보다는 우리 우정이 훨씬 더 중요하니까."

확실한 성공 비결은
한 번 더 시도하는 데 있다

책을 읽고 당장이라도 세상을 바꿀 수 있을 듯 의지에 불
타올랐다가, 불과 열흘 만에 원래대로 돌아가본 경험이 있는
가? 이 책을 읽고는 그러지 않길 간절히 바란다.

교육의 목표는 지식이 아니라 행동이라는 것이 내 믿음
이다. 정보는 사용되지 않는 한 의미가 없다. 음……. 어떻게
시작해야 할지 모르겠다고? 머릿속이 복잡하면 행동할 수
없다. 단순하게 만들어야 한다. 이제부터 당신의 우선순위를
분명히 정하고 행동하기 위한 방법을 소개하려 한다.

> 어디서부터 시작해야 할지 모른다면
> 시작할 수 없다.
>
> — 조지 패튼(George Patton, 미국의 육군 장군)

모든 기법을 한꺼번에 익힐 수는 없다. 제일 중요한 것 한 두 개를 고르도록 하라. 그리고 어떻게 기법을 사용할지 분명히 적어 잘 보이는 곳에 붙여둔다. 조립 라인 공정을 개발한 헨리 포드는 '나눠서 한다면 어려운 일은 없다'라고 하였다. 당신도 텅후 기법을 일상 속에 잘게 나눠 넣도록 하라.

이 책을 다시 훑어보라. 지금 꼭 필요한 두 가지 기법을 골라내라. 그리고 다음 우선순위 란에 적어두자. 텅후 달력에 메모해도 좋다. 예를 들어 '나는 완전히 주의를 집중하여 잘 듣는 기법이 좋다. 동료들의 말을 더 잘 들어주고 싶기 때문이다'라고 쓰는 것이다.

우선순위 **기법 1**

나는 ＿＿＿＿＿＿＿＿＿＿＿＿＿＿＿ 기법이 좋다.

＿＿＿＿＿＿＿＿＿＿＿＿＿＿＿ 때문이다.

우선순위 **기법 2**

나는 ＿＿＿＿＿＿＿＿＿＿＿＿＿＿＿ 기법이 좋다.

＿＿＿＿＿＿＿＿＿＿＿＿＿＿＿ 때문이다.

> **아는 것으로는 충분치 않다. 실제로 적용해야 한다.**
> **바라는 것으로는 충분치 않다. 행동해야 한다.**
>
> — 요한 볼프강 괴테

이제 기법을 실천하기 위한 방법을 적어야 한다. 예를 들어 '앞으로는 무엇이라 말해야 할지 모를 때 무슨 일이냐고 되묻겠다'라고 쓰는 것이다.

'누가, 무엇을, 언제, 어디서, 어떻게, 왜'라는 내용을 다 포함하도록 하라. 구체적으로 행동 계획이 수립될수록 실천하기 쉽기 때문이다.

행동 계획 1

나는 _____ 겠다.

행동 계획 2

나는 _____ 겠다.

> **의지가 있다면 불가능한 일은 없다.**
>
> — 한(漢) 왕조 실록

그런데 과연 오래된 습관을 바꿀 수 있을지 의심스러운

가? 헬렌 켈러Helen Keller는 '오래 노력한다면 무엇이든 할 수 있다'라는 말을 남겼다.

워크숍에서 '해야 할 말, 하지 말아야 할 말'에 대해 설명하자 한 남자 참가자가 고개를 저으며 말했다.

"전 늘 하지 말아야 할 말만 하고 있군요. 오늘 아침에도 그랬지요. 우리 팀원에게 주말 근무를 해야 한다고 지시했더니, 그럴 수 없다고, 부모님이 다니러 오셨다고 대답하지 않겠습니까? 그래서 전 '주말에 일하는 데 문제가 있다니 유감이군. 하지만 시스템을 아는 건 자네뿐이니 주말 근무를 해야만 해. 그런 사정이 있었다면 미리 얘기를 했어야지. 이제 내가 해줄 수 있는 일은 없어. 시스템을 모르는 다른 직원한테 부탁할 수는 없으니 말이야'라고 했답니다."

그렇다. 깊이 뿌리박힌 오랜 습관을 바꾸기란 쉽지 않다. 그러나 다음 3단계 방법을 사용한다면 조금 더 쉽게 회의주의를 떨쳐버릴 수 있으리라.

> 한 번에 성공하지 못했다면 그건
> 평균이라는 뜻이다.
> ─ 무명씨

다음 칸에 가장 멋진 글씨체로 '나는 텅후를 잘 실천한다!'라고 써보라.

_____

이제 같은 글을 반대쪽 손으로 써보라.

_____

반대쪽 손으로 쓰는 느낌이 어떤가? 그렇게 써놓은 글씨는 어떤 모습인가? 불편한 느낌에 알아보기 힘든 글씨가 되었으리라.

자, 글씨 쓰기는 기법이다. 우리는 어떻게 글씨를 쓰면 되는지 알고 태어나지 않았다. 단계별로 익혔을 뿐이다. 기법을 익히려면 다음 세 단계를 거치게 된다. 평소와는 다른 손으로 글씨를 쓰면서 당신은 이미 그 첫 단계를 경험한 셈이다.

1단계 **어색함** Awkward

새롭거나 다른 것을 시도할 때 능숙하게 하기는 어렵다. 당신이 처음으로 기어를 조작하며 자동차를 운전했을 때 어땠는가? 분명 무척 어색했을 것이다. 다만 운전이라는 기법을 익히고 싶었기에 어색함을 무릅쓰고 계속 시도하지 않았는가?

이 단계에서는 배운 기법을 응용해 더 좋은 결과를 얻게 된다. 가속 페달과 브레이크, 클러치를 조화롭게 다루어 변속하는 것이 가능해진다. 구불구불한 길도 문제 없이 통과할 수 있다.

3단계 **자동화** Automatic

이 단계에 이르면 운전에 대해 따로 생각할 필요조차 없다. 친구와 이야기를 하거나 라디오를 들으면서도 운전할 수 있다. 기본이 완전히 몸에 배어 무의식적으로 움직이게 되는 것이다.

> **실패는 당신이 덜 끈질겼던 탓이다.**
> — 무명씨

모든 기법이 그렇듯 텅후도 마스터하기까지 시간이 필요하다. 처음엔 '하지만' 대신에 '그리고'를 사용하기가 어색할 것이다. 늘 흘러가는 분위기에 따르다가 당신이 원하는 바를 분명히 이야기하려면 힘들지도 모른다. 공감하며 대화하겠다고 결심했지만 어느 틈에 버럭 화내고 있을 수도 있다.

그걸 실패라고 생각하지 말라. 텅후 기법이 아무 소용 없

340

다고 여기지도 말라. 오랜 습관을 버리고 새롭게 거듭나는 데 따르기 마련인 당연한 과정일 뿐이다.

야구 선수 사첼 페이지Saatchel Paige도 '때로는 이기고 때로는 진다. 때로는 비 때문에 경기가 중단되기도 한다'라고 했다. 어색함을 느끼는 초기 단계에서 포기하지 말라. 끈질기게 이어나가라. 이 책에서 찾아낸 방법을 계속 적용하라. 그러다 보면 까다로운 사람들 앞에서 좀 더 자신 있게 행동하는 자신을 발견할 것이다.

> **삶을 바꾸고 싶다면 당장 요란하게 시작하라.**
> **예외 따위는 두지 말라.**
> ─ 윌리엄 제임스

갈등 해결의 레시피라 할 수 있는 이 책이 마침내 멋진 요리로 이어지려면 당신의 실천이 꼭 필요하다. '우리의 최대 약점은 포기다. 확실한 성공 비결은 언제나 한 번 더 시도하는 데 있다'라는 토머스 에디슨Thomas Edison의 말을 기억하라. 이 책을 읽은 당신이라면 까다로운 사람을 부드럽게 무장 해제시키기 위해, 친절이라는 기를 퍼뜨리기 위해 늘 한 번 더 시도해주리라 믿는다.

"힘에 맞서지 말고 그것을 이용하라."

— 버크민스터 풀러

옮긴이 **이상원**

서울대학교 가정관리학과와 노어노문학과를 졸업하고 한국외국어대학교 통번역대학원에서 석사와 박사 학위를 받았다. 서울대 기초교육원 강의 교수로 글쓰기 강의를 하고 있으며, 《적을 만들지 않는 대화법》, 《뇌는 어떻게 당신을 속이는가》, 《함부로 말하는 사람과 대화하는 법》 등 다수의 책을 우리 말로 옮겼다. 저서로는 《서울대 인문학 글쓰기 강의》, 《나를 일으키는 글쓰기》, 《엄마와 함께한 세 번의 여행》, 《번역은 연애와 같아서》 등이 있다.

적을 만들지 않는 대화법

초판 1쇄 발행   2008년 10월 15일
2판 1쇄 발행   2019년 6월 3일
3판 1쇄 발행   2022년 10월 31일
4판 1쇄 발행   2023년 12월 10일
4판 2쇄 발행   2024년 2월 19일

지은이 샘 혼
옮긴이 이상원

펴낸이 박선경
기획/편집 이유나, 지혜빈, 김선우
마케팅 박언경, 황예린
표지·본문 디자인 studio forb
제작 디자인원(031-941-0991)

펴낸곳 도서출판 갈매나무
출판등록 2006년 7월 27일 제395-2006-000092호
주소 경기도 고양시 일산동구 호수로 358-39 (백석동, 동문타워 I) 808호
전화 (031) 967-5596
팩스 (031) 967-5597
블로그 blog.naver.com/kevinmanse
이메일 kevinmanse@naver.com
페이스북 www.facebook.com/galmaenamu

ISBN 979-11-91842-60-9 (03320)
값 17,000원

• 잘못된 책은 구입하신 서점에서 바꾸어드립니다.
• 본서의 반품 기한은 2028년 12월 30일까지입니다.